내 삶의 뜀틀

가슴이 뛸 때, 비로소 틀을 넘는다!

김 상 국

HUEBOOKs

내 삶의 뛰는 틀 가슴이 뛸 때, 비로소 틀을 넘는다!

초판 발행 | 2013년 1월 15일
초판 2쇄 | 2013년 3월 29일
초판 3쇄 | 2013년 6월 28일
지은이 | 김상국
발행인 | 박 철
기 획 | 권원순 Director, University Press
편 집 | 탁경구 Executive Knowledge Contents Creator
편집진행 | 신선호 Chief e-Contents Creator
북에디팅 | 정연숙
발행처 | 한국외국어대학교 출판부
130-791 서울특별시 동대문구 이문로 107
전화: 02-2173-2495~7
팩스: 02-2173-3363
홈페이지: http://press.hufs.ac.kr
전자우편: press@hufs.ac.kr
출판등록 | 제6-6호(1969. 4. 30)
편집 · 디자인 | (주)이환디앤비(02-2254-4301)
인쇄 · 제본 | 현문(031-902-1424)

ISBN 978-89-7464-801-5 03180 정가 13,000원
*잘못된 책은 교환하여 드립니다.

HUEBOOKS는 한국외국어대학교출판부의 인문학도서 Sub Brand이다. 한국외대의 영문명인 HUFS, 사람을 위하는 Humanism, 교육의 Education, 색조의 Hue의 다의적인 뜻으로 해석할 수 있으며, 인문학도서 출판에 대한 의지가 담겨있다.

프롤로그_

이제 나는 성공을 넘어 성장을 생각한다

일 년 전쯤인 2012년 초 모교인 한국외국어대학교 출판부로부터 자전 에세이 출판에 대한 제의를 받았을 때, 당황스러우면서도 막막하기만 했던 기억이 난다. 왜 하필 나 같은 사람에게 이런 제안을 하는지 이해가 되지 않았다. 자서전 집필은 크게 성공한 사업가나 명망가들의 몫이라고 생각해온 터라 처음에는 '나는 그럴 만큼 대단한 사람이 아니다'며 몇 차례나 사양을 했다.

몇 해 전 EBS의 CEO 특강에 내가 출연했던 프로그램을 본 한국외국어대학교 출판부 직원의 적극적인 추천과 기획으로 내가 선정되었다는 사연을 나중에야 알게 되었다. 그 후 몇 차례 기획진과의 만남을 통해서 내 안에 작은 변화가 생겼다. 비록 크게 성공한 사람은 아니지만 여기저기 불려나가 진솔한 강연을 통해 청중들을 만나면서 공감했던 부분을 전달하면 되지 않을까 하는 생각이 들었다. 솔직히 서문을 쓰고 있는 이 순간도 여전히 쑥스럽고 부끄럽다. 어울리지 않은 옷을 걸치고 거울을 바라보고 있는 느낌이다.

전라남도 완도의 조그만 섬마을 가난한 집안의 일곱 남매 중 다섯째로 태어난 나의 학창 시절 목표는 오직 현실을 극복하고 성공하는 것, 즉 가난이라는 태생적 한계를 뛰어 넘는 것이었다. 어릴 때 품었던 장군이 되고 싶다는 꿈도 어쩌면 그 위엄에 대한 동경과 함께 안정된 직업에 대한 갈망 때문이었는지도 모른다. 부단한 노력과 몇 번의 기회를 딛고 올라서서 나는 어느덧 중견기업의 경영인이 되었다. 고졸 출신 다섯 명의 직원과 자본금 3천만 원으로 시작했던 작은 회사도 10여 년 만에 연 매출 1,500억 원(소비자가 기준)을 달성하는 아직은 작지만 그런대로 알찬 회사로 성장했다.

나는 지금 이 자전 에세이가 꿈과 희망을 잃고 좌절하거나 방황하는 청년들, 그리고 창업과 새로운 시작을 꿈꾸는 사람들에게 작은 희망의 불씨를 당겨주었으면 하는 바람을 가져 본다.

맹목적인 긍정과 희망에 대해 말하려고 하는 것은 아니다. 그러기에는 우리 사회가 너무 복잡할 뿐만 아니라, 소수의 뜻과 생각으로는 쉽게 변할 수 없는 견고하고도 정형화된 틀 속에 갇혀 있다고 생각한다. 다만 길지 않은 인생을 통해서 내가 거듭거듭 확신하게 된 신념이 있다면, 그것은 학력은 인생의 전부가 아니며 작은 참고사항에 불과하다는 것과 최선을 추구하되 최선의 길이 막혔을 때 차선을 택하고 이를 다시 최선으로 승화시키면 머지않아 무엇인가는 이룰 수 있다는 것이다. 나는 이 신념에 보다 많은 젊은이들이 공감하기를 바라며, 또한 그 공감으로 인해서 우리 사회가 보다 긍정적인 방향으로 변화하는데 작은 힘이나마 보태고 싶다.

우리 같은 평범한 사람들의 삶에서 가장 중요한 것은 스스로를 사랑하며 존중할 수 있는 자존감(自存感)을 갖는 것이라고 나는 확신한다. 그 자존감은 모든 일에 자신감을 갖게 할 것이며, 그 자신감은 식지 않는 열정으로 이어진다. 다시 그 열정은 24시간 가슴 뛰는 삶을 살게 할 것이고, 어느덧 성공한 인생의 길로 우리를 인도할 것이다.

이제 나는 '성공'을 넘어 '성장'을 생각한다. 성공을 향해 달리며 늘 최선을 다하고, 스스로에 대한 절제와 책임을 통해서 성장이라는 새로운 큰 길로 들어서고 있다고 느끼고 있다.

나는 소박하지만 끈질긴 인격적인 갈망, 기업인으로서 사회적인 책임감, 같은 시대에 사는 연대의식, 끝으로 청년 세대에 대한 막중한 애정을 통감하고 있다. 청년세대에 대하여 인생의 선배로 한 인간으로 늘 깨어서 정진하는 모습으로 젊은 세대의 곁에 머물고 싶다. 이런 마음을 이 작은 책에 모아 세상으로 내보내며 희망의 작은 불빛이라도 되었으면 하는 바람이다.

평소에는 잘 표현하지 못했던 감사의 뜻을 전하고 싶은 이들이 있다. 창업 때부터 늘 함께 해온 비타민하우스 가족들, 사업 초기부터 한결같이 최고의 궁합을 자랑하는 처남 용승재 비타민하우스 이사회 의장, 그리고 십여 년 동안 혼자서 묵묵히 가정을 지켜 온 사랑하는 아내, 대학생이 되어서도 늘 아빠를 포옹하며 곁을 내주는 살가운 딸과 속 깊은 마음으로 늘 아빠를 응원하고 이해해주는 아들에게 이 자리를 빌어 고맙고 사랑한다는 말을 전한다.

마지막으로 결정을 미루고 머뭇거리는 나에게, 이 자전 에세이가 이 땅의 방황하는 수많은 청춘들에게, 그리고 다시 무엇인가 시작하려고 출발점에 서서 주저하는 사람들에게 분명히 큰 힘이 될 것이라고 독려하며 자신감을 불어넣어준 한국외국어대학교 출판부 관계자 여러분께 깊은 감사를 전한다.

2013년의 시작을 기다리며

김상국

차례 _

제4장 나를 키운 것은 위기도 즐길 수 있는 긍정의 힘

제5장 세상이 있어 내가 있고 우리가 있다

제1장

내가 꿈을 이룬 것이 아니라 내 꿈이 나를 이루었다

노력하면 정말로 꿈은 이루어지냐고 묻고 싶은 당신들에게

'꿈은 이루어진다'는 2002년 월드컵 4강 진출 신화가 우리 모두의 가슴에 아로새긴 슬로건이다.

FIFA(국제축구연맹)는 월드컵 우승 국가만이 자국의 엠블럼 위에 월드컵에서 우승한 횟수와 같은 수의 별(★)을 새겨 넣은 유니폼을 입을 수 있다고 규정하고 있다. 2002년 월드컵에서 우리나라가 독일과 치른 4강전에서 등장했던 이 슬로건은 이러한 규정에 따라 우리나라 선수들도 별이 새겨진 유니폼을 입을 수 있게 될 꿈의 그날을 염원하는 국민적 기대감을 반영한 붉은악마들의 카드섹션 문구였다.

물론 그 꿈은 두 번의 월드컵을 더 치른 지금까지도 아직 이루어지지 않았다. 하지만 우리는 월드컵이 열릴 때마다 이 슬로건을 다시 생각하며 가슴이 벅차오르고 설레는 경험을 하곤 한다. 혹시 이번에는 그 꿈이 이루어지는 것은 아닐까 하고 말이다.

꿈★은 이루어진다, Dreams come true!

그런데 꿈은 정말 이루어지는 것일까? 누구나 꿈을 가지고, 꿈을 꾸고, 그 꿈을 이루기 위해 노력하기만 한다면 반드시 이룰 수 있을까? 꿈은 이루어진다는 슬로건을 생각하는 순간, 모두의 머릿속에 떠오르는 또 하나의 의문일 것이다.

결론을 먼저 말하자면 꿈은 반드시 이루어진다. 그 꿈을 이루기 위해 부단히, 끝까지 노력을 하기만 한다면 말이다.

안 될 거라는 생각에 걸려 넘어지지는 말아야 한다

몇 년 전 나는 어느 방송사의 요청으로 젊은 사람들을 대상으로 하는 특강 프로그램에 강사로 출연한 적이 있다. 그 일을 계기로 어느덧 내 이름 석 자 앞에는 '성공한 CEO'라는 타이틀이 붙었고, 모교인 한국외국어대학교를 비롯해 전국의 여러 대학의 취업 관련 특강에 자주 초청되었다. 사실 개인적으로는 한없이 부끄럽고 쑥스러운 일이 아닐 수 없다.

하지만 지금도 나는 아무리 바빠도 대학 초청이라면 전국 어디든 마다치 않고 달려가 강단에 선다. 왜냐하면, 내 이야기에 귀 기울일 사람들이 무한한 가능성을 품고 미래를 꿈꾸고 있는 이 땅의 젊은 청춘들이기 때문이다.

나는 대학 특강을 통해 내가 오늘 이 자리에 서기까지 어떻게 살아왔는지에 대해 아주 자세히, 그리고 진솔하게 이야기한다. 또 그들 앞에서 내가 얼마만큼 성공한 CEO인지, 그리고 우리 비타민하우스가 얼마나 내실 있는 기업인지에 대해서도 자랑스럽게 이야기한다.

나는 전라남도 완도의 작은 섬마을에서 땅 한 마지기 없이 오로지 김 양식에만 의존해 생계를 이어가던 가장 가난한 집에서 태어났다. 아홉 살 나이에 아버지를 여의고, 일곱 남매 중 처음으로 도시로 나오고, 대학에 진학하고, 대기업에 입사하고, 마침내 비타민하우스를 설립하기까지, 그리고 그 비타민하우스를 현재와 같이 건강한 기업으로 성장시키기까지 내가 어떤 뜻을 세우고, 어떤 노력을 했으며, 어떤 삶을 살아왔는지에 대해 나는 그들에게 가감 없이 이야기한다.

내가 얼마나 성공했는지, 내가 남과 달리 얼마나 치열하게, 열심히 삶을 살았는지 과시하려는 마음은 조금도 없다. 오히려 아직 많지 않은 나이에, 아직 왕성히 해야 할 일이 더 많이 남아 있는 이 시점에 섣불리 성공을 운운한다는 것은 말도 안 되는 성급한 일이라는 생각을 한다.

그럼에도 불구하고 내가 그들 앞에서, 가슴에 무한한 가능성을 품고 미래를 꿈꾸는 이 땅의 청춘들 앞에서 부끄럽고 주저되는 마음은 잠시 접어두고, 나의 인생 이야기를 하는 데에는 나름의 이유가 있다.

나는 내가, 나의 삶이 이 땅의 청춘들과 새로운 시작과 도약 앞에서 잠시 숨을 고르고 있는 모든 사람들에게 '꿈은 반드시 이루어진다'는 증거가 되기를 바란다.

그리하여 나의 지난날들이 꿈을 꾸고 그 꿈을 이루기 위해 노력하면 언젠가 반드시 이룰 수 있을 것이라는 아름다운 희망이 되기를 바란다. 또한 그들이 처한 현실은 결코 만만치 않더라도 아무리 노력해도 안 될 것이라는 생각에 걸려 넘어지거나 주저앉지 않도록 하는 작은 힘과 의지의 원천이 되기를, 그렇게 생각하고 믿을 수 있는 근거 중 하나가 바로 나 김상국이기를 희망한다.

돌이켜 생각해보면 나는 지금까지 꿈을 통해 모든 것을 이루어왔다. 그러니까 내 삶은 꿈을 이룬 삶이 아니라 꿈이 지금의 나를 이룬 것이라 할 수 있다.

어린 시절 나의 꿈은 육군사관학교에 가서 장군이 되는 것이었다. 하지만 그것은 사실 꿈이 아니라 내 어린 시절의 목표였다. 말하자면 장래희망인 셈이다. 내 꿈은 세상을 리드하고, 세상의 주목을 받는 사람이 되고 싶다는 것이었다. 그리고 그 꿈의 실현을 위해 나는 지금도 노력하고 있다. 그러니 나의 꿈이 지금의 나를, 내 인생을 이루어 왔다는 말이 맞는 것이다.

생각하면 생각하는 대로, 꿈을 꾸면 꿈을 꾸는 대로 모든 것을 이루며 살 수 있는 자유가 허락된 인생이란 없다. 아무리 많은 돈이 있어도, 아무리 엄청난 권력이 있어도 그것은 불가능한 일이다. 모두가 부러워하는 어마어마한 재산을 가진 사람도, 세상을 쥐락펴락할 수 있는 권력을 가진 사람도 절대 마음대로 생각대로 모든 일을 이루며 인생을 쉽게 쉽게 살지는 않는다. 다만 평범한 우리 눈에는 일면 그렇게 보일 뿐이다.

그러나 생각과 꿈은 누구에게나 허용된 자유다. 생각은 하기 나름이고, 꿈 역시 꾸기 나름이다.

꿈은 꿈꾸기 나름이고, 그 꿈이 인생을 만들어가는 것이라면 결국 인생은 어떤 꿈을 꾸느냐에 따라 얼마든지 달라질 수도 있다는 것이 된다. 어떤 현실 앞에서도 우리가 끝까지 꿈을 가져야만 하는 이유가 바로 여기에 있다. 이렇게 생각하니 어쩐지 희망적이라는 느낌마저 든다.

자존감(自存感) 있는 사람이 인생을 성공으로 이끌 수 있다

지금도 있는지는 잘 모르겠지만, 스마트폰이 이렇게까지 활성화되기 전까지 내가 전화를 걸면 상대방 휴대전화기 액정 화면에 내가 정한 문구가 표시되는 통신 서비스가 있었다. 일명 레터링 서비스라고 하는 것이었는데 대부분 자신의 소속과 이름, 또는 간단한 인사말을 지정해서 사용했다. 나 역시 '비타민하우스 김상국'이라는 레터링을 지정했던 적이 있다.

그런데 어느 날 한 통의 전화가 걸려왔다. 전화벨이 울리자 내 휴대전화기 액정 화면에는 '훌륭한 여자입니다' 라는 레터링 문구가 표시되었다. 처음에는 전화를 건 사람이 누군지도 몰랐지만 나는 마음속으로 '어떤 훌륭한 여자가 나한테 전화를 걸었을까?' 하는 생각을 하면서 전화를 받았던 기억이 있다.

전화를 받고 보니 한동안 연락이 뜸했던 대학 후배였다. 당시에는 중소기업에 다니고 있었는데 제법 당차고 야망이 큰 후배였다. 언젠가는 자기 사업을 해서 여성 CEO가 되는 것이 목표라던 그 후배는 자신의 성공 스토리가 스타일리시한 잡지에 소개되는 것이 꿈이라고 했다. 말하자면 커리어우먼들의 워너비스타일이자 로망이 되고 싶다는 것이었다. 그 꿈 한번 구체적이기도 하다 싶었다.

그리고 그 후배는 그 꿈을 잊지 않기 위해 '훌륭한 여자입니다' 라는 문구를 레터링으로 지정했다고 말했다. 처음에는 조금 부끄럽기도 하고 낯간지럽기도 했는데 어느 사이엔가 전화를 받는 상대방들이 자신을 훌륭한 여자라고 불러주더란다. 나 역시 한동안 그 후배의 전화가 걸려오면 대뜸 "훌륭한 여자가 오늘은 무슨 일이야?" 하고 전화를 받곤 했으니까.

그 후배의 레터링 문구 '훌륭한 여자입니다'는 훌륭한 여자가 되고 싶다는 그녀의 꿈인 동시에 반드시 훌륭한 여자가 되리라는 의지와 자존감(自存感)의 표현이었던 것이다.

자존감이란 스스로 자신의 존재를 귀하게 여기는 자존심(自尊心)보다 한층 더 근원적인 마음의 자세라고 나는 생각한다.

그런데 대부분의 사람들은 자존감과 자존심을 종종 혼동한다. 심지어 자존감이 약할수록 더욱 집요하게 자존심에 매달리기도 한다. 하지만 자존심보다 중요한 것은 자기 자신의 존재를 인정하고 받아들이며, 그 자체를 소중하게 여길 줄 아는 자존감이다. 자존심은 그 자존감을 지키기 위해 필요한 하나의 수단에 불과하다.

자존감이 있어야 자신의 인생과 세상에 대한 자신감도 생긴다. 그리고 그 자신감을 통해 우리는 더 열정적인 마음의 자세를 가질 수 있으며 열정이 있어 24시간 뛰는 가슴으로 살아갈 수 있게 되는 것이다.

가슴 뛰는 열정은 내 삶의 틀을 뛰어넘는 힘이 된다. 그리고 삶의 틀을 뛰어넘는 순간, 성공은 우리의 곁으로 더욱 바싹 다가올 것이다. 삶의 틀이란 결국 타고난 운명을 의미하는 말이기 때문이다.

이것은 내가 대학 특강에서 뿐만 아니라 우리 비타민하우스 가족들에게도 자주 하는 말이다.

그렇다면 자존감을 가지려면 어떻게 해야 할까?

나는 지금의 나를 만든 모든 것에 감사하는 마음이야말로 자존감의 시작이라고 생각한다. 그리고 나는 나를 있게 한 모든 것에 감사할 줄 아는 사람은 반드시 성공한다는 믿음을 갖고 있다.

나는 지금의 나를 있게 한 모든 것에 감사한다.

일찌감치 삶의 의미와 목적을 생각하게 해주었던 내 유년 시절의 가난, 아무도 가르쳐주지 않았지만 자연의 섭리와 노동의 가치에 스스로 눈뜨게 해주었던 내 고향마을 달도에서의 수많은 추억, 은사님이자 아버지와도 같은 양승윤 교수님과의 인연을 만들어준 모교, 사람의 마음을 움직이고 그 마음을 얻는 방법을 알려준 미원에서의 영업경험 등등 지금까지의 내 인생에서 없었더라면 좋았을 일이라고 생각되는 것은 단 하나도 없다. 그 하나하나가 나에게는 더없이 소중한 자산이며 그것으로 말미암아 나 김상국 또한 존재하게 되었기 때문이다.

노력은 애티튜드가 아니라 과학이다

노력은 절대 배신하지 않는 것일까?

누군가 나에게 이렇게 묻는다면 나는 결코 자신 있게 '그렇다'고 대답할 수 없다. 노력은 때때로, 그리고 종종 우리를 배신하기도 하기 때문이다. 노력해도 안 되는 일이 있으며, 노력한다고 해서 모두 성공하는 것 또한 아니라는 것을 나는, 그리고 우리는 경험을 통해 이미 알고 있다.

하지만 한 가지 분명한 것은 노력하면 노력한 만큼의 성과는 반드시 따른다는 것이다. 노력한다고 해서 반드시 성공하는 것은 아닐지라도 노력을 한다면 어쨌든 노력한 만큼은 무엇인가를 이루게 될 것이다. 실패를 통해 새로운 전환점을 마련할 수도 있고, 교훈을 얻을 수도 있다. 한번 넘어지고 엎어져 보니 별것도 아니더라는 배짱과 용기를 얻을 수도 있다. 그리고 설령 아무것도 얻지 못한다고 해도, 노력도 그 무엇도 하지 않고 가만히 있는 것보다는 낫다. 왜냐하면 노력하지 않으면 달라지는 것이 정말로 아무것도 없기 때문이다.

우리는 흔히 노력을 삶의 자세, 즉 애티튜드(Attitude)라고 여긴다. 하지만 노력은 애티튜드가 아니라 과학이다. 침대만 과학이 아니라 노력도 과학이라는 것이 내 생각이다.

모든 일에는 확률이 있다. 여러 가지 변수를 적용해 복잡하게 계산할 수도 있지만, 최대한 단순하게 생각하고 계산한다면 그 확률은 50 대 50. 즉 성공할 확률 50%, 실패할 확률 50%이다.

어떤 일에 부단한 노력을 해도 실패할 확률은 50%다. 하지만 반대로 생각하면 성공할 확률도 50%나 된다. 고작 실패할 확률 50% 때문에 아무것도 하지 않으면 성공할 확률 50%는 제로가 된다. 결국 아무것도 이룰 수 없는 가능성만 100%가 되는 것이다.

이것이 우리가 노력해도 안 될지도 모른다는 생각을 버리고 노력을 할 수밖에 없는 과학적 근거다.

그러나 여전히 노력하면 정말로 꿈은 이루어지냐고, 누구나 무엇이든 노력하면 다 되느냐고 묻고 싶은 사람들이 있을 것이다. 그러면 나는 그들에게 이렇게 물을 것이다.

아무리 노력해도 이룰 수 없는 꿈이 있다면, 노력한다고 누구나 무엇이든 다 이룰 수 있는 것이 아니라면, 만약 그렇다면 당신은 지금부터 무엇을 하겠습니까?

이 물음에 어떤 대답을 해야 할지는 이미 다 알고 있을 것이라고 나는 믿는다.

Good luck for you!

행운의 여신은 당신의 노력 편이다! 그리고 꿈은 운명도 바꾼다.

제2장

우리가 정말 궁금한 네 가지 질문

꿈이 있는 사람은 언젠가, 무엇인가
반드시 해내리라는 것을 나는 알고 있다.
그래서 나는 우리 아이들이 공부를 잘하는 아이보다는
꿈이 분명한 아이가 되었으면 한다.
나는 내 아이들에게 던지는 이 질문을
우리 비타민하우스 직원들에게도 똑같이 한다.
"당신 인생의 꿈은 무엇입니까?"

첫 번째 질문,
넌 꿈이 뭐니?

꿈은 운명도 바꾼다

"대표님은 언제가 가장 행복하세요?"

일과가 끝난 저녁 시간, 직원 몇몇과 맥주를 마시는 자리에서 한 직원이 내게 느닷없는 질문을 던졌다. 질문을 한 사람은 팀장회의에 참석하기 위해 오랜만에 서울사무소에 온 광고홍보팀장이었다.

평소에도 자기 아이디어에 대한 확신을 얻기 위해 주변에 생뚱맞은 질문을 던지곤 하는 그의 성격을 잘 알고 있던 터라 굳이 질문의 의도를 되묻지는 않았다. 그저 나 몰래 또 뭔가 일을 꾸미고 있겠거니 하는 생각에 이왕이면 비타민하우스 대표로서 근사한 대답을 해주고 싶어 잠시 뜸을 들였다. 그런데 아무리 뜸을 들이며 생각을 해도 좀처럼 근사한 대답이 떠오르지 않았다.

나는 반쯤 잔에 남아 있던 맥주를 단숨에 들이키고는 마주 앉은 직원이 따라주는 맥주를 받으며 무심한 척 말했다.

"나? 나는 우리 딸이랑 주말 드라마 세 편 연달아 볼 때가 가장 행복하지."

일순간 나를 바라보던 직원들의 눈빛이 당황스러움을 감추지 못하고 흔들리고 있는 것을 누구보다 내가 먼저 깨달았다. 40대 중반의 대한민국 남자가 딸아이와 함께 채널을 이리저리 돌려가며 주말 드라마 세 편을 연달아볼 때 가장 행복하다고 말할 줄이야 그 누가 짐작이나 했겠는가!

그런데 사실이다. 심지어 나는 드라마를 보면서 아내보다 더 흥분하기도 하고, 딸보다 먼저 울기도 한다.

우리 가족은 딸아이가 고3 수험생이었을 때도 매주 토요일과 일요일, 저녁 8시부터 11시까지 공중파 3사를 섭렵하며 주말 드라마 세 편을 함께 봤다. 아이가 고3이라고 해서 우리 가족이 함께했던 유일한 일상의 즐거움을 포기할 수는 없었기 때문이다.

도대체 무슨 배짱으로 고3 수험생과 함께 TV 드라마를 보냐고 부모인 나를 거의 질책하듯 몰아세우는 사람들도 많았다. 우선 아내부터도 딸아이가 고3이 되자 당분간 주말 드라마는 그만 보는 게 어떻겠냐며 나를 설득하려 했다. 하지만 내 생각은 달랐다. 일주일에 여섯 시간, 그것도 고작 주말 이틀인데, 그 정도의 여유를 가진다고 해서 아이의 미래에 큰 영향을 미치지 않을 것이라고 생각했다.

그런데 내가 아이들과 함께 드라마를 즐겨 보는 데에는 나름의 이유가 하나 더 있다. 간혹 도무지 말도 안 되는 막장 드라마도 있다지만 대부분의 드라마는 주인공이 꿈을 이루어 가는 과정을 그리고 있다. 그 과정에는 고난도 있고, 역경도 있고, 훼방꾼도 있지만 결국 드라마는 주인공이 모든 위기를 극복하고 꿈을 이루었을 때 끝이 난다. 나는 아이들이 드라마를 통해 세상의 수많은 사람들이 자신의 꿈을 이루어 가는 과정을 보기를 바란다. 그리고 세상 사람들은 그 꿈을 이루기 위해 어떤 노력을 어떻게 하는지도 볼 수 있기를 바란다.

왜냐하면 꿈은 각자 타고난 운명을 바꿀 수 있는 유일한 힘이라고 나는 지금도 믿고 있기 때문이다.

나는 사실 평소에도 아이들에게 공부하라는 말을 거의 해본 적이 없긴 하다. 무엇이 되어야 한다, 혹은 엄마 아빠가 이루지 못한 무엇을 대신 이루어야 한다고 강요한 적도 없다. 앞으로도 이 생각에는 변함이 없을 것이다. 아이들 입장에서 생각한다면 나처럼 쿨하고 멋진 아버지도 없을 것이다.

"넌 꿈이 뭐니?"

하지만 공부를 강요하지 않는 대신 나는 매년 아이들에게 이 질문을 한다. 그런데 아이들은 어렸을 때는 오히려 주저하지 않고 자기 꿈을 당당하게 말하더니 철이 들면서부터는 점점 자기 꿈에 대한 확신을 하지 못하고 혼란스러워 하는 것 같다.

매년 꿈을 물었음에도 아직 자기 꿈에 대한 확신이 없는 딸아이는 대학 진학을 앞두고도 진로를 정하지 못했다. 사실 딸아이는 어려서부터 그림 그리는 재주가 남달랐다. 한 번도 그림을 정식으로 배워본 적이 없다고 하면 아무도 믿지 않을 만큼 그림 실력이 뛰어났다. 주변에서는 그림 공부를 시켜보라고 권하기도 했지만 아이 스스로 하겠다고 하지 않는데 부모라고 이를 강요할 생각은 없었다. 스스로 원해서 뛰어들지 않는 이상 딸아이에게 그림은 남다른 재주일 수는 있어도 꿈이 될 수는 없다고 생각하기 때문이다.

딸아이는 장차 어떤 꿈을 펼치든 유용할 외국어 관련 학부에 일단 진학했다. 그리고 아직도 자신의 꿈이 무엇인지 생각하고 찾아가는 중이다.

반면 둘째인 아들의 꿈은 얼마 전까지 아주 명쾌했다. 초등학생 때까지 아들의 꿈은 치킨집 사장이 되는 것이었다. 그런데 아들 녀석은 제 입맛에 맞는 치킨 브랜드와 우리 아파트 단지 상가에 있는 치킨 브랜드가 다르다는 것 때문에 고민하고 있었다. 집에서 가까워야 다니기도 편하고 엄마·아빠한테 배달도 해줄 수가 있는데, 집 가까이에 있는 치킨집 브랜드는 별로 맛이 없다는 것이었다. 깜찍하기도 하고 한편 어이없기도 한 내 아들의 꿈이었다.

그런데 중학생이 된 아들 녀석은 조금 철이 드는가 싶더니 꿈에도 변화가 생긴 모양이다. 얼마 전에는 길을 가다가 PC방을 보더니, 저 정도의 PC방을 차리려면 돈이 얼마나 있어야 하느냐는 질문을 했다. 아마도 이제는 치킨보다는 온라인 게임이 더 좋아졌나 보다.

아들은 서울에 단 하나뿐인 공동체마을, 성미산마을(마포구 성산동 소재) 내에 있는 성미산학교에 다니고 있다. 성미산학교는 비인가 대안학교다. 광주에서는 일반 초등학교에 다녔던 아들은 5학년 때 서울로 이사를 오면서 성미산학교로 전학했다. 대안학교로 전학시키기로 결정한 것은 물론 나와 아내의 선택이었다. 전학하기 전, 아이의 의향을 묻기는 했지만, 초등학교 5학년 아이의 의향이란 결국 부모의 뜻이 반영되기 마련이다. 하지만 아들은 지금 너무나 즐겁고 행복하게 학교생활을 하고 있다.

학기 중에 시골에서 52일 동안 농사만 짓고 오는가 하면, 서울에서 속초까지 300㎞를 행군하고, 밴드를 결성해 공연도 한다. 또한 일반학교에 다니는 또래 친구들보다 다양한 분야의 많은 책을 읽고, 그것에 관한 토론과 발표회를 한다. 하루가 다르게 성장하는 아들의 모습을 보면서 나 역시 대안학교로 보내길 참 잘했다는 생각을 한다.

우리 아들은 아마도 대한민국에서 가장 행복한 청소년기를 보내고 있는 10대 중 한 명일 것이다. 나는 그런 우리 아들의 다음 꿈이 무엇일지 벌써부터 기대가 된다.

꿈이 있는 사람은 언젠가, 무엇인가 반드시 해내리라는 것을 나는 알고 있다. 그래서 나는 우리 아이들이 공부를 잘하는 아이보다는 꿈이 분명한 아이가 되었으면 한다.

나는 내 아이들에게 던지는 이 질문을 우리 비타민하우스 직원들에게도 똑같이 한다.

특히 새로 입사한 직원들에게는 어김없이 당신의 꿈이 무엇이냐고 묻는다. 대부분 처음에는 머뭇거리다가 무엇인가를 말한다. 하지만 그들이 말하는 것은 꿈이 아니라 회사에 입사해서 가까운 미래에 이루어내고 싶은 포부일 때가 많다. 꿈과 포부는 비슷한 것 같아도 분명 다른 것이라고 나는 생각한다. 그리고 회사 생활에 있어서의 포부보다는 자기 인생의 꿈이 분명한 사람이 회사를 위해서도 더 크게 기여할 수 있을 것이라고 생각한다.

그래서 나는 다시 묻는다.

"당신 인생의 꿈은 무엇입니까?"

내 고향 달도에서 가장 가난한 집 넷째 아들, 김상국

나는 땅끝마을 해남과 완도 본섬을 잇는 완도대교 중간에 있는 달도에서 태어났다.

통달할 달(達), 섬 도(島), 통하는 섬이라는 뜻을 지닌 내 고향 달도는 이름처럼 완도로 통하는 첫 관문이다. 하지만 원래부터 달도가 있었고, 그다음에 완도대교가 생긴 것이니 생각해보면 그 이름이 달도의 운명을 만든 것인지도 모르겠다.

140여 가구가 사는 내 고향 달도는 정말 작은 마을이다. 집집마다 아이들은 서로서로 동창이고 선후배라 이웃집 사정을 우리 집 사정만큼 뻔히 알 수밖에 없는, 그야말로 섬 전체가 한 가족 같은 마을이다.

나는 그 달도에서 5남 2녀 중 다섯째로 태어났다. 위로는 형님이 세 분, 누님이 한 분, 그리고 남동생과 여동생이 각각 한 명씩 있었으니 태어날 때부터 이렇다 할 주목을 받을 처지가 못되었다.

게다가 우리 집은 매우 가난했다. 1960년대 중후반, 그 시절 누군들 가난하지 않았겠냐고 할 수도 있지만, 정말이지 우리 집은 가난해도 너무 가난했다. 나와 비슷한 또래의 사람들도 내 어린 시절 이야기를 들으면 그 시절에 정말 그렇게 살았느냐며, 마치 전쟁 직후 1950년대 이야기 같다며 깜짝 놀란다. 내 나이 열 살 무렵에야 전기가 처음 들어온 마을에서 나고 자랐으니 도시에서 나고 자란 사람들은 도저히 상상이 되지 않을 것이다.

어린 시절을 생각하면 늘 배가 고팠던 기억밖에 없다. 1965년생인 내 기억 속에 있는 시절이니 적어도 1970년대 이후였을 것이다. 내 삶과 뚝 떨어뜨려 역사적으로만 되짚어보자면 그때는 이미 우리나라가 새마을운동이니 한강의 기적이니 하며 경이적인 경제발전을 이룩해가던 시절이었다.

그 시절 나는 늘 배가 고팠다. 대한민국 근대화의 목적으로 추진되어온 식량의 자급자족은 달도 어린이 김상국과는 아무런 상관이 없는 일이었다. 어려서부터 먹성도 좋았고, 덩치도 컸던 나는 무엇을 먹을 것인가가 아니라 어떻게 하면 배가 부를 수 있을까를 항상 먼저 생각해야 했다.

당시 우리 집은 땅이 한 평도 없었다. 그것은 다시 말해 온가족이 김 양식에만 의존하며 생계를 유지했다는 것을 의미했는데, 지금처럼 양식업이 발달했던 때가 아니라 김 양식이 잘 되고 안 되고는 전적으로 하늘의 뜻이었다. 김 수확량은 날씨와 수온에 따라 크게 좌우되었기 때문이다.

그 시절 나는 논이 한 마지기라도 있는 집이 세상에서 가장 부러웠다. 논 한 마지기만 있으면 아무리 김이 흉년이어도 최소한 밥은 매일 배불리 먹을 수 있을 것 같았기 때문이다.

온갖 잡곡을 쌀보다 더 많이 넣은 시커먼 밥은 물론, 무밥, 콩나물밥에서부터 김밥, 다시마밥, 미역밥, 톳밥에 이르기까지, 여하튼 쌀 이외의 다른 무엇이 들어가 이름 붙은 밥이란 밥은 다 먹어본 것 같다. 별로 끈기없는 김이나 톳 같은 해조류를 잔뜩 넣어 지은 밥은 먹고 돌아서면 배가 꺼졌다. 그나마도 하루 한 끼는 고구마나 팥죽, 개떡 등 밥이 아닌 것으로 때우기 일쑤였으니 한창 자랄 나이에 나는 늘 배가 고팠다.

배고픔처럼 절실한 것은 없다. 가장 기본적인 본능이 충족되지 않았을 때 느껴지는 감각이니만큼 어쩌면 인간으로서 느낄 수 있는 절실함 중에서도 가장 절실한, 그래서 절박하기까지 한 마음인지도 모른다. 그 절박함은 어린 김상국을 일찌감치 철들게 했다.

생각해보니 어린 시절 배를 불리기 위해 궁여지책으로 만들어 먹었던 그 밥들이 이제는 웰빙이라는 이름으로 흰 쌀밥보다 더 귀한 대접을 받는 시절을 나는 지금 살아가고 있다.

김 할래? 공부 할래?

나는 아주 어려서부터 가난과 배고픔을 벗어날 수 있는 출구를 스스로 찾아야만 했다. 그래서 아무도 시키는 사람이 없는데도 일단 공부는 열심히 해야 한다는 생각을 어린 나이에도 할 수 있었던 것 같다.

그때만 해도 김 양식은 100% 사람의 노동력으로 이루어지는 일이었기 때문에 김 철만 되면 아이 어른 할 것 없이 모두 일에 매달려야만 했다. 내 기억에 나는 걸음을 제대로 걷기 시작하면서부터 일을 했던 것 같다. 물론 나뿐만이 아니라 우리 일곱 남매가 모두 그랬고, 우리 마을에서 김 양식을 하는 집 아이들 역시 모두 비슷한 상황이었다.

12월에 시작해 이듬해 3월까지가 한창인 김 양식은 배를 타고 먼 바다로 나가 차가운 바닷물에 손을 담궈 김을 채취하는 것부터 시작이다. 채취해 온 김을 배에서 내려 리어커로 실어 집으로 나른 다음 밤새 물을 빼고 파쇄 작업을 한다. 다음 날 아침이면 파쇄한 김을 떠서 발에 널어 건조하기 시작하는데, 반나절 정도 건조장에 널어둔 김은 정오 무렵 곧바로 거둬들여 떼어내야 한다. 그러지 않으면 김은 강한 햇빛을 받아 그대로 두 동강이 나버리기 때문에 상품화할 수가 없게 된다. 발에서 떼어낸 김은 규격에 맞춰 자르기만 하면 그대로 내다 팔 수 있게 된다. 김은 채취로부터 24시간 이내에 상품화되는 것이다. 그러니 김 철이 되면 일할 수 있는 손이란

손은 다 동원할 수밖에 없는 것이다.

오죽하면 내가 다니던 달도초등학교는 김 철만 되면 4교시 이후로는 아무도 교실에 남아 있지 않았다. 전교생이 모두 김 건장에 널어놓은 김을 떼러 집으로 가버리기 때문이었다. 그런 상황에 달도에서도 가장 가난한 집 넷째 아들에게 공부 열심히 하라고 말하는 사람은 아무도 없었다. 부모님도, 형님도, 누님도 공부보다는 하루하루 먹고 사는 일에 더 급급했던 시절이다.

"김을 하든 공부를 하든 네가 알아서 해라."

일곱 남매 중 그 누구에게도 공부하라는 말은 단 한 번도 안 하셨던 어머니가 자식들의 미래에 대해 유일하게 하셨던 말씀이다.

어차피 공부한다고 해봐야 제대로 뒷바라지도 못 해줄게 뻔한데 형들처럼 평생 김 양식하며 달도에서 살 작정이면 굳이 공부를 안 해도 된다는 체념에서 하신 말씀이었는지, 평생 김 양식이나 하며 힘들게 살고 싶지 않으면 정신 바짝 차리고 공부 열심히 하라는 채찍의 의미였는지 어머니는 내가 일을 도울 때마다 마치 카세트테이프라도 틀어놓은 듯 같은 말을 반복하셨다. 지금 와서 생각해보면 아마도 두 가지 의미가 모두 담긴 애틋하고도 안쓰러운 부모의 마음에서 나온 말씀이었던 것 같다.

그래서 나는 형들처럼 힘들게 김 양식을 하지 않으려면 반드시 공부를 해야 한다는 생각을 했다. 걸음을 제대로 걷기 시작하면서부터 김 양식 일을 도왔으니 "김 할래? 공부 할래?" 하던 어머니의 말도 그 무렵부터 귀에 딱지가 앉도록 들었을 것이다. 그러니 이 힘든 일을 안 하기 위해서는 공부를 해야 한다는 생각도 그 비슷한 무렵부터 했을 게 분명하다.

나는 학교 입학하는 것이 무엇보다 기뻤다. 학교는 나에게 그 자체로서 꿈이었기 때문이다. 김 양식 도우랴 그 틈틈이 친구들과 몰려다니며 놀고 장난치랴 바쁜 와중에도 학교만큼은 반드시 가야 한다는 생각을 했다. 그때까지는 딱히 공부를 열심히 했던 것도 아니고, 내 인생에 대한 명확한 꿈이 있었던 것도 아니었지만, 학교에 간다는 것만으로도 뭔가 꿈을 이룰 수 있을 것 같다는 막연한 느낌이 들었던 것 같다.

그래서일까? 심지어 아버지가 돌아가신 다음 날도 나는 태연하게 학교에 갔다. 워낙 손바닥만한 마을이다 보니 김상국 아버지가 돌아가셨다는 걸 학교에서도 이미 다 알고 있었던 모양이다. 그런데 내가 등교한 것을 본 담임선생님은 깜짝 놀라며 나를 다시 집으로 돌려보냈다.

학교가 파하지 않아 다른 친구들은 모두 공부를 하고 있는 시간, 나 혼자 터벅터벅 걸어 집으로 돌아오면서 오늘은 참 이상한 느낌이 드는 날이라고만 생각했다.

나는 과연 내가 타고난 이 운명으로부터 벗어날 수 있을 것인가?
내 부모와 형제들의 가난과 운명을 인식하고,
받아들이는 순간부터 내 머릿속을 떠나지 않았던
단 한 가지 질문이었다.
그러나 사실은 내가 원하는 답은 이미 정해져 있었다.
나는 타고난 운명을 반드시 바꾸고 싶었고,
바꾸고야 말겠다는 의지를 마음속 깊이 다지고 있었다.

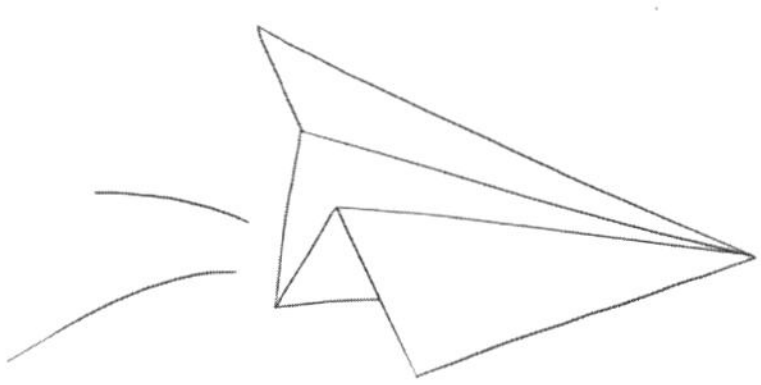

두 번째 질문,
과연 타고난 운명을 바꿀 수 있을까?

아버지가 돌아가시던 날의 기억

아버지는 내가 초등학교 2학년이던 해, 초여름에 돌아가셨다. 그러니까 우리 마을 달도에 전기가 들어오는 것도 미처 못 보고 돌아가신 것이다.

아버지가 돌아가시던 날에는 비가 억수같이 쏟아졌다. 언제나 그랬듯이 그날도 나는 마을의 한 친구 집에서 놀고 있었다. 당시 우리 마을 친구들은 매일 학교가 파한 오후에는 누군가의 집에 공부한답시고 모여 함께 숙제나 공부도 하고, 놀기도 하곤 했다. 그런데 그날은 저녁 먹을 시간이 되지도 않았는데 누군가 나를 찾아와서는 아버지가 돌아가셨으니 빨리 집으로 가라고 알려줬던 것 같다. 그래서 장대 같은 비를 뚫고 집으로 돌아갔던 기억이 지금도 생생하다. 그런데 다음 날 아침에는 거짓말같이 날씨가 말짱하게 개었다.

전날 오후 늦게 초상이 났으니 다음날은 이른 새벽부터 온 집안이 경황없이 분주했다. 그 분주한 틈에 나는 집을 나서 학교로 향했다. 여느 날처럼 태연하게 등교를 한 것이다. 아무도 나에게 학교에 가지 말라고 알려주지도 않았지만 아무도 내가 학교에 갈 것이라고 생각하지도 않았을 것이다.

돌이켜 생각해보면 죽음의 의미를 제대로 알지 못했던 어린 나이였다. 게다가 그때까지 나와 내 아버지 사이에는 애틋한 사연도, 이렇다 할 추억도 없었다.

어린 시절 내 기억 속 아버지는 늘 술에 취해 계시거나 편찮으셨다. 혹은 어머니와 다투고 어머니를 서럽게 울리셨다. 그런 아버지의 심부름으로 가끔 막걸리를 받아다 드린 것이 나와 아버지 사이에 남아 있는 유일한 추억이다.

그래서 그때 나는 아버지가 돌아가셨다는 사실이 별로 슬프지도 않았던 것 같다. 오히려 이제는 어머니가 아버지와 다투시지는 않겠구나 하는 생각에 안도하기까지 했던 기억이 난다. 그래서 늘 아버지와 싸우기만 했던 어머니가 곡을 하며 슬퍼하는 모습을 보며 이상하다는 생각도 했던 것 같다.

아버지는 꽤 오래 병을 앓았지만, 병원 치료를 단 한 번도 받지 못하고 돌아가셨다. 그래서 지금도 아버지가 돌아가신 이유를 우리 가족은 모른다. 술을 많이 드셨으니 아마도 간경화나 간암에 걸려서 돌아가셨을 것이라고 막연히 추정할 뿐이다.

나보다 열여섯 살이나 위인 큰형님은 당시 이미 장성했지만 나는 초등학교 2학년, 남동생은 초등학교 1학년, 막내 여동생은 겨우 만 두 살이었다. 그때 아버지 연세도 겨우 마흔아홉, 너무 이른 나이였다.

이미 오래전부터 생계는 어머니와 형님들이 알아서 꾸려 오셨기 때문에 아버지가 돌아가셨다고 해서 형편이 더 나빠지지는 않았던 것 같다. 물론 더 나빠질 것도 없는 형편이기도 했다. 그렇지만 오래 병을 앓던 아버지가 돌아가시자 당장 집안의 근심거리 하나는 사라진 것이 분명했다. 병원에 갈 엄두는 내지 못하면서도 아버지의 병이 깊어지면 없는 살림에 무당을 불러 큰 굿을 하기도 했다. 그 시절 바닷가 마을에서는 흔한 일이었다.

아버지의 쾌유를 비는 큰 굿을 벌이면 큰집, 작은집 식구들이나 외가 식구들까지 우리 집 마당에 모여 뭔가 간절하게 빌었다. 모든 굿의 귀결점은 미처 한을 풀지 못하고 저세상으로 가버린 조상 탓이다. 물론 굿을 통해 무당이 밝혀낸 우리 아버지 병환의 원인도 그러했던 것 같다. 그러나 이미 세상을 떠나고 없는 조상 탓이라는 것은 그 이유를 밝혀냈다고 해도 딱히 해결할 방법이 없다는 것을 의미하기도 했다. 조상의 한을 풀기 위해 또 다른 굿을 벌이는 것 이외에는. 결국, 굿판은 늘 일가친척의 울음판으로 이어지면서 끝이 났던 것 같다.

아버지가 돌아가시고 나니 굿판을 벌일 일도, 울음판이 펼쳐질 일도 없어졌다. 어쨌거나 우리 집에도 평화와 안정이 찾아오는 것 같았다.

하지만 문득 생각해 보니 나는 이제 가난하고 형제 많은 집 아이에서 아버지까지 없는 아이가 되어 있었다. 더욱더 눈에 띌 일도, 눈에 띌 것도 없어진 것이다.

누군가에게는 주목을 받고 싶었던 아홉 살 인생

이제 세상은 특별한 일이 없는 한 달도에서 가장 가난한 집 아이 김상국에게 절대로 관심을 두지 않겠구나 하는 생각을 하게 된 것도 바로 그 무렵이었다. 실제로 집에서도, 동네에서도, 그리고 학교에서도 나를 눈여겨봐 주는 사람이 아무도 없었다. 이 지긋지긋한 가난과 아버지의 부재는 내가 짊어지고 살아야 할 나의 타고난 운명이라는 생각이 어렴풋하게나마 들었다.

타고나는 것이 운명이라면 운명도 결국은 조상 탓이다. 어떤 조상의 후손이냐에 따라 태어나는 순간 일단 타고난 운명은 결정이 되기 때문이다. 그렇다면 나는 과연 내가 타고난 이 운명으로부터 벗어날 수 있을 것인가?

내 부모와 형제들의 가난과 운명을 인식하고, 받아들이는 순간부터 내 머릿속을 떠나지 않았던 단 한 가지 질문이었다. 대를 물린 가난에서 벗어날 수 있을지, 이 운명을 바꿀 수 있을지는 모르겠지만 일단 공부라도 열심히 해야겠다고 마음먹었던 이유도 그 질문에 대한 답을 찾고 싶었기 때문이다. 그러나 사실은 내가 원하는 답은 이미 정해져 있었다. 나는 타고난 운명을 반드시 바꾸고 싶었고, 바꾸고야 말겠다는 의지가 마음속 깊이 다져지고 있었다.

공부를 잘하면 적어도 학교에서는 나를, 나 김상국의 존재를 인정해줄 것으로 생각했다. 이것이 아홉 살 섬 소년의 머리로 생각해낼 수 있는 유일한 출구전략이었다. 그런데 성적이 오르자 내 예상대로 일단 선생님께서 관심을 가져주었고, 친구들도 나를 인정하기 시작했다. 어쩌면 정말 운명은 바뀔 수도 있는 것인지 모르겠다는 생각이 들었다.

그러던 어느 날이었다. 고향 마을 달도에 처음으로 전기가 들어오고 얼마 지나지 않아 누구네 집에선가 텔레비전을 샀다며 온 마을 사람들이 구경을 가게 되었다. 물론 나도 동네 사람들 틈에 끼어 난생처음으로 텔레비전이라는 것을 보러 갔다.

내 생애 처음으로 본 텔레비전에서는 마침 국군의 날 행사 방송을 하고 있었다. 나는 그날 멋진 제복 차림의 군인들이 퍼레이드를 하는 모습에 그야말로 홀딱 반하고 말았다.

나는 저렇게 멋진 군인이 되어야겠다고, 군인 중에서도 별을 단 장군이 되어야겠다고 생각했다. 장군이 되면 가난도, 아버지 없는 가난한 집 넷째 아들이라는 내 타고난 운명도 어느 정도 바꿀 수 있을 것이라는 막연한 믿음마저 생겼다.

내가 초등학교 3학년이었던 어느 가을날, 아버지가 돌아가신 다음 해에 내 고향 마을 달도에 전기가 처음 들어왔다는 것을 지금까지 정확하게 기억하고 있는 이유는 아마도 그날의 선명했던 이 기억 때문일 것이다.

장군을 꿈꾸는 초등학교 3학년생에게 누군가 장군이 되려면 공부를 열심히 해서 사관학교에 들어가야 한다는 것을 알려주었다. 세 분 형님 중 한 분이었을 수도 있고, 담임선생님이었을지도 모른다. 그리고 가난한 시골 출신 아이가 가난을 벗어나, 성공에 이를 수 있는 가장 빠른 길은 그것뿐이라고 그 시대 또한 나에게 가르쳐 주고 있었다.

가족의 반대를 무릅쓰고
광주로 고등학교 진학을 해야만 했던 이유

1979년 나는 달도초등학교를 졸업했다. 나와 함께 달도초등학교를 졸업한 동창생은 모두 39명. 여학생이 23명이었고, 남학생이 16명이었다. 여학생 23명 중 한 명은 지금의 내 아내다. 아내와 나는 참 특별하고도 오랜 인연이다.

39명의 달도초등학교 동창생들은 한날한시에 입학해 6년 동안 같은 반에서 공부하다가 한날한시에 졸업했다. 입학할 때 생일 순으로 붙여 준 번호도 6년 동안 한결같았다. 초등학교 3학년 이래 나는 그들 중에서 늘 리더였다. 그래서 늘 주목받을 수 있었다. 적어도 내 고향 마을 달도에서는.

나와 함께 달도초등학교를 졸업한 38명의 친구들은 모두 함께 면 소재지가 있는 완도 본섬의 한 중학교에 입학했다. 달도초등학교에서는 공부깨나 한다는 김상국이었지만 완도 본섬으로 나오니 사정이 조금 달라졌다. 도시 사람들 생각하기에는 달도나 완도나 더 나을 것도 못할 것도 없겠지만 140여 가구가 옹기종기 모여 사는 마을에서 동창생 39명이 전부였던 달도초등학교 졸업생에게 완도 본섬의 중학교는 엄청난 변화, 그 자체였다.

하지만 나는 이 정도에 기가 죽을 수는 없다고 생각했다. 왜냐하면 내 꿈은, 내 목표는 완도와는 비교도 되지 않을 정도로 더 크고 더 넓고 더 깊은 물, 바로 육군사관학교였기 때문이다.

나는 달도초등학교에서 줄곧 반장을 도맡아 했던 만큼 달도초등학교의 명예를 걸고 중학교에서도 반장을 해야겠다고 마음먹었다. 그때도 역시 우리 집 형편은 변함없이 어려웠기 때문에 나는 여전히 관심을 받고, 주목을 받기 위해서는 리더가 되어야 한다고 생각하고 있었다. 완도 각지에서 모여든 낯선 아이들 틈에서 나는 호기롭게 반장 선거에 출마해서 당당히 반장이 되었다. 반장이 된 이상 나를 주목하지 않을 수는 없었다. 이후로도 나는 항상 반장이 되었다.

중학교 3학년이 되어서는 전교 회장에까지 출마하기로 마음먹었다. 역시 달도초등학교의 명예를 걸고서 말이다. 그리고 마침내 나는 전교 회장이 되었다. 사람들의 관심이 집중되는 만큼 공부도 열심히 했다.

비가 오나 눈이 오나, 추울 때나 더울 때나 걸어서 완도대교를 건너 달도에서 완도 본섬까지 통학했고, 김 양식으로 한창 바쁜 겨울방학이면 형들을 도와 김 양식 일을 하면서도 힘든 줄 모르고 공부에 열중했다. 덩치가 제법 커지면서부터는 형들과 함께 배를 타고 먼 바다까지 나가 김을 채취하는 일을 하기도 했는데, 오고 가는 뱃길에 공부를 하겠다고 책을 펼쳐 들고 뱃전에 앉아 있다가 파도에 휩쓸려 바다에 빠진 적도 있었다.

하지만 단 한 번도 내 처지와 상황을 원망하거나 한탄한 적은 없었다. 오로지 공부를 열심히 해서 육군사관학교에 들어가기만 하면 된다고 생각했고, 그렇게만 되면 이 모든 일을 아름다운 추억으로 떠올릴 수 있는 날이 올 것이라고 굳게 믿었기 때문이다.

중학교 3학년이 되자 슬슬 고민이 되기 시작했다. 아무래도 육군사관학교에 가려면 광주에 있는 고등학교에 진학해야 할 것 같다는 생각이 들었기 때문이다.

하지만 도저히 입이 떨어지지 않았다. 사실 내 위로 한 명 있는 누님은 물론이려니와 세 분 형님 모두 중학교도 채 마치지 못하고 생활 전선에 뛰어든 상황이었다. 당시 큰형님은 결혼해서 형수님과 함께 김 양식을 하며 어머니와 남은 동생들의 생활까지 책임을 지고 있었다. 그럼에도 불구하고 우리 집 형편은 여전히 어려웠고, 나아질 전망은 조금도 보이지 않았다.

물론 큰형님을 비롯해 다른 형님들도 공부 잘하는 아우가 제 바람대로 정말 육군사관학교에 가서 집안을 일으켜주길 내심 기대했을 것이다. 하지만 어렵기만 한 형편에 광주에 있는 고등학교에 진학하겠다는 말이 도저히 나오지 않았다. 달도에서 광주로 고등학교를 진학한다는 것은 유학을 의미했기 때문이다.

그러던 어느 날 저녁, 큰마음 먹고 저녁 밥상 앞에서 고등학교 진학 문제에 관한 이야기를 꺼냈다. 큰형님은 예상대로 광주로 진학하는 것을 반대했다. 다른 가족들도 마찬가지 반응이었다. 큰형님은 당시 완도에서 중학교를 마친 대부분의 친구들이 따르는 일반적인 수순이었던 해남의 북평종합고등학교나 완도수산고등학교로의 진학을 권했다. 그러고 나서 어떻게든 지금보다 더 열심히 공부하면 육군사관학교에 갈 수도 있지 않겠느냐는 것이었다. 그리고 완도 촌놈이 광주로 가면 내신등급도 낮아질 게 뻔하니 해남이나 완도에서 열심히 하는 게 낫다고 했다. 일면 맞는 말이기는 했다. 하지만 나는 광주로 진학하지 못할 바에야 차라리 학비가 안 드는 철도고등학교에나 가겠다며, 그래서 철도공무원이나 되겠다며 어깃장을 부렸다.

어려운 집안 사정 뻔히 알고 제 앞가림을 하던 동생이 난데없이 철없는 소리를 하자 화가 난 큰형님은 따귀라도 한 대 칠 기세로 팔을 들었다. 그 순간 내 코에서 뜨거운 무엇이 주르륵 흘러내렸다. 큰형님은 흠칫 놀라는 표정으로 팔을 든 채 나를 쳐다봤고, 나는 의아해하며 손등으로 코를 쓱 문질렀다. 코피였다. 그것도 쌍코피였다.

처음으로 느껴본 분한 마음이었다. 광주에 유학시킬 형편이 아니었기 때문에 반대할 수밖에 없었던 큰형님과 가족들의 마음을 모르는 것은 아니었지만 뭔가 억울하고 분한 마음이 가슴 저 밑바닥에서 솟구쳐 올라왔다. 아마 그 열과 분이 터져 코피가 났던 모양이다.

아버지나 마찬가지였던 큰형님께 반항하며 쌍코피까지 흘리는 내 모습에 큰형님은 더 크게 화를 냈고, 정말 나를 때릴 기세였다. 나는 그 길로 숟가락을 놓고 집 밖으로 뛰쳐나갔다. 그날 밤은 친구 집에서 숨어 지냈고, 그 후로도 며칠 동안은 큰형님의 눈을 피해 다녔다.

그런데 아무리 생각해도 포기가 되지 않았다. 나는 결국 가족들 모르게 광주에 있는 고등학교에 진학하기 위해 연합고사 응시원서를 냈다. 가족들에게 동의를 구하지 않은 상태이니 응시원서를 살 돈도 타낼 수가 없었다. 어쩔 수 없이 내가 맡아 관리하던 우리 반 학급비를 유용하기로 했다. 말하자면 공금 횡령을 한 셈이었다.

그것은 공부가 아니라 내 소중한 꿈이었다

중학교 3학년이 될 때까지 나는 딱 한 번 광주에 가보았다. 초등학교 3학년 이후 매사에 일단 제일 먼저 손들고 나서는 성격이 되었던 나는 초등학교 6학년 때 소년조선일보 명예 기자에 지원했고, 그 위촉식에 참석하기 위해 광주에 가게 되었다. 당시 셋째 형님이 나를 광주까지 데려가 주었는데, 그날 광주 시내의 한 중국음식점에서 셋째 형님이 짜장면을 사주셨던 기억이 있다. 생전 처음 짜장

면을 먹어본 나는 세상에 이렇게 맛있는 음식이 다 있나 하고 생각했다.

그렇게 딱 한 번 가본 광주에 고입 연합고사를 치기 위해 혼자 갔다. 그것도 가족 아무도 모르는 상태에서 말이다.

결국 나는 연합고사를 치르고 광주의 한 고등학교에 진학하게 되었다. 그때까지도 우리 집에는 전화가 없었기 때문에 고등학교 합격 소식을 집에 전화가 있는 다른 친구를 통해 전해 들었다. 그렇게 반대했던 큰형님도 내 합격 소식을 듣고는 누구보다 기뻐했다. 장군이 되리라는 꿈에, 육군사관학교 진학의 꿈에 한 걸음 더 가까이 다가선 아우를 누구보다 대견하고, 자랑스럽게 생각했기 때문이리라.

나 역시 그때는 천하를 얻은 것만 같았다. 그 시절 나에게 공부는 그저 공부가 아니었다. 공부는 내 인생의 가장 소중한 꿈이었다.

일이 되느라고 그랬던지 그해 겨울에는 김 양식이 아주 잘 되어 풍년이 들었다. 그 덕에 어렵기만 하던 집안 형편에도 약간의 여유가 생겨 내가 광주에서 자취할 방을 얻을 정도는 되었던 것 같다. 하지만 매년 그렇게 풍년이 들지는 않았다. 생각해보니 거의 삼 년에 한 번꼴로 김 풍년이 들었던 것 같다. 그러니 한 해 벌어 2~3년을 먹고 살아야 하는 것이나 다름이 없었다.

그나마 삼 년에 한 번이라도 김 풍년이 들었던 때가 때마침 내가 상급학교에 진학할 때와 매번 맞물렸던 것은 나에게 더없이 큰 행운이었다. 적어도 타고난 운명에 도전할 수 있는 기회는 주어졌으니까. 그러고 보니 내가 타고난 운명도 그리 나쁘기만 한 것은 아니었던 것 같다.

그런데 나는 지금까지도 그때 연합고사 응시원서를 사기 위해 유용한 공금을 갚지 못하고 있다. 이미 동창생들한테도 다 고백했고, 공소시효마저 지난 케케묵은 일이 되었지만, 나에게는 아직도 마음의 빚으로 남아 있다. 그런데 여러 해 전 어떤 기회를 통해 달도초등학교와 통합한 완도의 한 초등학교 학생들에게 소년한국일보를 보내주는 일을 할 수 있게 되어 이게 그때 유용한 학급비를 갚는 일이라고 생각하기로 했다.

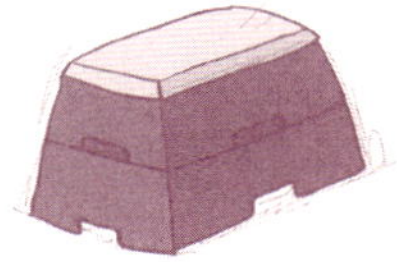

꿈을 버리지만 않는다면,

꿈이라는 인생의 지도를 잃어버리지만 않는다면

언젠가 반드시 내 인생이 목표하는 그곳에 가닿으리라는 확신을

나는 가지고 있었다.

사람들은 흔히 꿈이 좌절되었다는 표현을 잘 쓴다.

하지만 우리 스스로 그 꿈을 포기하지 않는 한

꿈은 절대 좌절되지 않는다.

우리가 좌절되었다고 생각하는 것은 사실 꿈이 아니라

그 꿈으로 가기 위한 눈앞의 목표일 뿐이다.

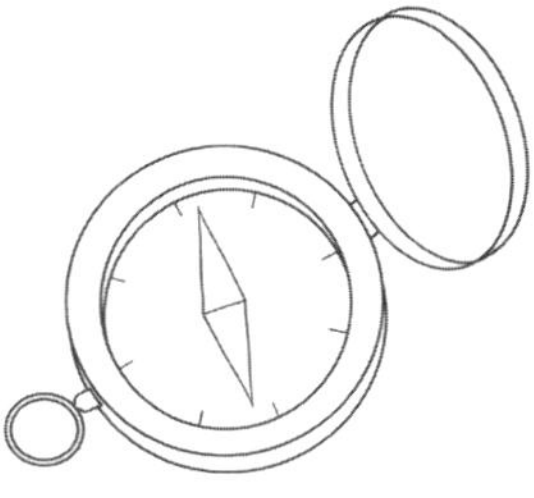

세 번째 질문,
꿈이 좌절되면 모든 것이 끝나는 것일까?

좌절을 모르고 실패를 모르는 인생은 없다

"김 대표님 정말 성공하셨네요!"

"완도 촌놈 김상국 출세했다!"

지금까지 내가 살아온 이야기를 들은 사람이라면 누구나 이렇게 말할 것이다.

달도 섬 소년이 완도 본섬으로, 완도 촌놈이 대도시 광주로, 그리고 서울로. 어쨌거나 한발 한발 큰물을 향해 나아간 것만 두고 봐도 내 스스로 동의할 수밖에 없다. 나는 지금 내 고향 달도 출신 중에서 가장 크게 사업을 하고 있고, 나름대로 성공한 사업가 축에 낀다. 물론 돈을 많이 벌고 못 벌고를 떠나서 하는 말이다.

현재 내가 하고 있는 사업의 차원에서 생각한다면이야 아직도 이루어야 할 목표가 있고, 도전해야 할 과제가 더 많아 갈 길이 멀다고 할 수 있지만, 오롯이 김상국 개인의 차원에서만 생각한다면 이만하면 성공이고, 출세라는 생각도 든다. 그래서 때때로 스스로를 대견하게 생각하기도 한다.

하지만 나라고 지금껏 좌절을 모르고 승승장구만 했을까?

좌절을 모르고 실패를 모르는 인생은 없다. 인생이란 절대 그렇게 만만한 것이 아니다.

나 역시 인생의 큰 좌절을 맛보았던 처절한 시기가 있었다. 인생의 꿈을 찾고, 목표를 세우는 것이 빨랐던 만큼 좌절도 빨리 찾아왔던 것 같다. 그리고 그 좌절은 내가 그동안 우물 안 개구리였다는 인식과 함께 큰 충격으로 다가왔다.

내 인생 최초의 좌절이자 가장 큰 절망은 아이러니하게도 그토록 간절하게 바랐던 광주로의 고등학교 진학으로 인한 것이었다. 광주에서 내가 받은 충격은 달도에서 완도 본섬의 중학교에 진학했을 때와는 비교도 되지 않았다.

무엇보다 큰 충격은 한 반이었던 60명 중에서 29등으로 곤두박질한 성적으로 인한 것이었다. 중학교 때까지 거의 1, 2등을 놓치지 않고 공부 깨나 한다는 소리를 듣기는 했지만 사실 그때까지 나는 도시 아이들이 어떻게 공부를 하는지 전혀 알지 못했다. 참고서를 따로 사서 봐야 한다거나 문제집을 사서 연습문제를 충분히 풀어야 한다는 것도 몰랐다. 공부를 어떻게 하는 것이라고 일러줄 멘토가 될만한 사람이 내 주변에는 아무도 없었다.

나의 공부법은 그저 무식하게 외우고 또 외우는 것뿐이었다. 중학교에 입학하기 전 나는 영어 교과서 한 권을 통째로 외우고 학교에 들어갔을 정도다. 그렇게라도 해야 한다는 것 또한 누가 따로 알려준 것이 아니었다. 그저 초등학교 때는 배우지 않은 새로운 교과목이 있으니 미리 외워두면 좋을 것 같다고 스스로 판단했을 뿐이다.

하지만 광주에 오니 사정이 달라졌다. 더욱이 고등학교 교과 과정은 통째로 외우기엔 너무나 광범위했고, 과목도 많았다. 그런데도 여전히 어떻게 공부를 해야 하는지 효과적인 공부법을 몰랐던 나는 지금껏 하던 대로 배운 것을 외우기만 할 뿐이었다. 그 덕에 나는 지금까지도 외우는 것이라면 누구보다 잘할 자신이 있다.

고등학교 입학 후 첫 시험에서 반에서 29등이라는 성적을 받았을 때 내가 느꼈던 절망감은 이루 다 말할 수가 없다. 육군사관학교는 이제 내가 꿈도 꿀 수 없는 곳이 되었다는 생각과 함께 이대로 죽어버렸으면 좋겠다는 생각을 하기도 했다. 초등학교 3학년 때부터 꿈꿔온 내 미래가 일순간 사라져버렸다고 생각하니 죽을 수밖에 없었던 것이다. 지금까지 살아오면서도 그렇게까지 큰 절망감과 좌절을 느껴본 적은 이후로도 없었던 것 같다.

안 된다는 걸 그렇게 우겨서 광주까지 왔는데 이런 형편없는 성적을 받다니! 달도에서 영광으로 김이 잘 된다는 곳을 찾아 이사까지 해가며 고생하는 큰형님께도, 달도에 남아 계시는 어머니께도 도무지 면목이 서지 않았다. 하지만 죽는 것도 생각처럼 쉬운 일은 아니라는 생각이 들었다. 요즘처럼 청소년 자살이 사회적 문제로 흔히 회자되던 시절이었다면 어쩌면 나도 그때 극단적인 선택을 했을는지 모르겠다는 생각을 지금도 가끔 하곤 한다. 그만큼 절박했다는 말이다.

이대로 가출을 해 서울에 가서 구두닦이나 막노동을 하며 살아볼까 하는 생각도 했다. 하지만 죽는 일만큼이나 가출을 하는 것도 어려운 일이라는 생각이 들었다.

결국, 이러지도 저러지도 못할 바에야 죽었다 생각하고 다시 한번 공부를 해보자는 마음을 먹었다. 다시 마음을 다잡고 공부를 할 때는 다른 친구들이 어떻게 공부를 하는지가 눈에 들어오기 시작했다. 다들 교과서 이외에도 참고서와 문제집을 사서 열심히들 공부하고 있었다. 하지만 나는 다른 친구들처럼 참고서나 문제집을 살 여유가 없었다.

쌀이며 기본적인 반찬은 달도 집에서 가져다 먹고, 도시락은 직접 싸서 학교에 다녔던 나는 집에서 매달 보내주는 돈에서 한 달 방세를 제하고 나면 남는 게 거의 없었다. 쌀 떨어지고 돈 떨어지면 굶기도 일쑤였다. 참고서나 문제집을 살 돈이 있을 리가 만무했다. 어쩌다 용돈이 필요해서 달도 집에 갔다가도 빈손으로 돌아온 적이 한두 번이 아니다. 뻔한 집안 형편을 알고 있는 나는 용돈이 떨어졌다는 말을 못하고, 방학도 아닌데 내가 집에 온 이유가 돈 때문이라는 것을 알면서도 가족 중 누구도 말을 꺼내지 않아 그냥 돌아온 것이다. 그런 날은 걸어서 완도대교를 건너며 혼자서 울기도 많이 울었다. 다 큰 사내 녀석이 엉엉 울면서 내 운명을, 그리고 내가 태어나기도 훨씬 전에 이미 내 운명을 결정지은 조상을 탓하기도 했다.

그 시절 함께 자취하던 친구들의 도움도 꽤 많이 받았다. 다들 나보다는 조금 나았을지 몰라도 모두가 가난했던 시절, 전라도 시골 각지에서 광주로 유학 온 그 친구들이라고 뭐 그리 넉넉했을까. 그런데도 시골에서 용돈을 부쳐줬다며 한 턱 내준 친구, 시골에서 반찬이 왔다며 한 통 덜어준 친구들이 있었다. 그 고마움은 지금까지도 잊을 수가 없다.

그런데 무엇보다 눈물 나게 고마웠던 일은 고등학교 1학년 때 같은 반 친구들이 내 생일날 돈을 모아 참고서와 문제집을 몇 권 사준 것이었다. 참고서, 문제집 한 권 없이 죽어라 미련하게 외우기만 하며 공부하고 있는 내가 친구들 입장에서도 안쓰러웠던 것 같다.

ROTC가 뭐야?

어쨌거나 1학년을 마치기 전까지 성적을 꽤 올려 반에서 6~7등 정도까지는 되었던 것으로 기억한다. 하지만 이 정도로는 육군사관학교는 아직 어림도 없다는 것을 나는 알고 있었다.

넉넉하지도 않은 형편에, 자취하며 공부하는 것이 너무 힘들어 가끔씩 나는 왜 하필 이런 환경에서 태어났을까 하며 내 처지를 비관하고 한탄했던 적도 있다. 하지만 아무리 한탄해도 소용이 없다는 것을 누구보다 내 자신이 잘 알고 있었기에 그 생각을 금세 털어버릴 수밖에 없었다. 그렇지 않으면 지금 이 자리에 주저앉아 두 번 다시 일어설 수 없을 것만 같았기 때문이다.

대신 매일매일 다짐하고, 그 다짐을 주문처럼 외우며 기도했다. 열심히, 끝까지 포기하지 말고 노력하자고, 그러면 반드시 이루어질 것이라고 말이다.

사실 이대로 간다면 큰 이변이 없는 한 육군사관학교에 입학한다는 것은 어렵다는 것을 나는 알고 있었다. 하지만 포기라는 단어를 떠올릴 수가 없었다. 그 꿈을 포기하면, 그 꿈 하나만 믿고 그 꿈을 향해 지금껏 좌절하지 않고 달려온 김상국도 연기처럼 사라져버릴 것 같았기 때문이다.

일단 하는 데까지는 해보는 수밖에 없다고 생각했다. 여기서 지금 당장 포기하는 것보다는 일단 하는 데까지 해보고도 결과가 좋지 않으면 그다음에 포기하는 것이 현명하다고 판단했기 때문이다.

하지만 여전히 성적은 생각처럼 잘 오르지 않았다. 아무리 해도 육군사관학교에 무난히 합격할 만큼 성적을 올리기는 어렵겠다는 생각이 들었다. 다른 친구들처럼 재수는 언감생심(焉敢生心) 꿈도 꿀 수 없는 형편이었다. 그런데다가 자취를 하면서 영양이 부실했던 탓인지 급격히 시력이 떨어지기 시작했다. 성적도 안 되는데 시력까지 나빠지니 더욱 불안한 마음이 들었다.

그즈음 우리 반에는 집안 형편은 꽤 넉넉한 데 불량한 친구들과 어울려 다니며 공부와는 담을 쌓고 지내는 친구가 있었다. 말하자면 일진 친구였던 것이다. 그 친구의 부모님께서 어쩌다 내 사정 이야기를 듣고는 힘들게 혼자 자취하지 말고 자기네 집으로 들어와 아들과 함께 지내며 아들의 마음을 좀 잡아달라고 부탁하셨다. 고등학교 2학년 때의 일이었다.

그동안 자취를 하며 많이 지쳤던 나는 흔쾌히 그 일진 친구의 집으로 들어갔다. 이제 먹고 사는 문제가 해결되니 공부에 더 전념할 수 있을 것이라고 생각했다. 그런데 그것은 나 혼자만의 장미빛 환상이었다. 그것을 깨닫는 데는 한 달도 채 걸리지 않았다. 이미 엇나가기 시작한 친구 녀석의 마음을 잡는 게 생각처럼 쉽지가 않았다. 부모님도 선생님도 잡지 못해 포기한 반항기 청소년의 엇나간 마음을 동급생 친구가 잡아보겠다는 것 자체가 헛된 생각이었는지도 모른다. 친구는 나를 피해 여전히 불량한 친구들과 어울렸고, 나는 친구도 없는 친구 집에 혼자 들어갈 수가 없어 그 친구를 찾아다니느라 공부에 전념할 수가 없었다. 성적은 다시 10등, 20등으로 곤두박질쳤고, 자칫하다가는 나 또한 그 일진 친구들과 어울리게 될 것만 같았다. 나는 이러다가는 죽도 밥도 안 되겠다는 생각에 결국 친구의 집을 나오기로 마음먹었다.

다시 자취를 하며 공부에 매진했지만 한번 벌어진 성적의 차이는 좀처럼 좁혀지지 않았다. 결국, 고등학교 3학년이 되면서 육군사관학교에 가는 것은 포기해야 한다는 생각을 하게 되었다. 하지만 어떻게 해서든 서울로 대학을 가야 한다는 생각만큼은 포기할 수 없었다. 결국, 내가 할 수 있는 일은 또 공부밖에 없었다.

그러던 어느 날 나는 학교 운동장에 한 무리의 제복을 입은 사람들이 모여 있는 모습을 보게 되었다. 육군사관학교 입학을 포기했지만 여전히 제복 입은 사람들만 보면 가슴이 뛰었던 내 시선은 한동안 그들 곁을 떠나지 못했다. 군인도 아닌 것 같고, 사관생도도 아닌 것 같은 저 사람들의 정체가 도대체 무엇일까 궁금했다. 한 친구가 그들이 바로 ROTC(Reserve Officers' Training Corps, 학생군사교육단)라고 알려줬다. 하지만 나는 그때 ROTC라는 말 자체를 처음 들었기 때문에 그게 무엇을 의미하는지 도무지 알 수가 없었다. 친구는 일반대학에 가서도 ROTC가 되면 장교로 임관할 수 있는 기회가 주어진다고 설명해주었다.

나는 그 순간, 정말이지 캄캄한 암흑 속에서 한 줄기 빛을 만난 것 같은 느낌을 받았다.

육군사관학교에 가지 않고도 장교가 될 수 있다고?

그러면 내 꿈은 아직 유효한 것일까?

나는 아직 포기하지 않아도 되는 것일까?

그때부터 내 목표는 ROTC, 즉 학생군사교육단이 있는 서울의 4년제 대학에 입학하는 것으로 수정되었다. 목표는 대폭 수정되었지만 장교가 되리라는 꿈을 여전히 꿀 수 있게 된 것만으로도 나는 행복했다.

꿈의 종착지점은 인생이 끝나는 그날까지 정해지지 않는다

나는 그 꿈 하나만 믿고 대학입시를 준비하던 시절을 버텼다. 그리고 대학 입학 이후에도 여전히 나를 따라다녔던 가난을, 그리고 고학으로 힘겨웠던 4년의 세월을 버틸 수 있었다.

1984년 나는 마침내 학생군사교육단이 있는 4년제 대학에 입학하게 되었다. 한국외국어대학교였다. 서울캠퍼스는 아니었지만 일단 서울에 적을 둔 대학인 것에 만족해야 했다. 무엇보다 ROTC가 있다니 그것으로 충분했다. 엄밀히 말해 나는 ROTC가 되기 위해 대학에 간 것이나 다름없었기 때문이었다.

ROTC는 일반대학 2학년 때 선발해서, 3, 4학년 때 학업을 병행하며 장교 양성 교육을 받은 다음 졸업 후 장교로 임관하는 제도이다. 따라서 1, 2학년 때 성적이 우수하지 않으면 ROTC에 선발될 수가 없었다. 나는 1학년 때부터 ROTC에 선발되는 데에 무리가 없게끔 성적을 관리해야 했다. 그 덕에 장학금까지 받을 수 있었으니 말 그대로 일거양득의 효과였다.

나는 온갖 아르바이트와 험한 일을 전전하며 고학으로 대학을 졸업했다. 그 와중에 1, 2학년 때는 ROTC에 선발되기 위해 공부도 열심히 해야 했고, 3, 4학년 때는 군사 교육까지 병행해야 했다. 그러다 보니 대학 4년 동안 경제적으로도, 시간상으로 여유가 없었다. 대학 시절 내 친구들은 내가 걸어 다니는 것을 본 적이 거의 없다고 말할 정도다. 늘 시간에 쫓겼고, 경제적으로는 늘상 궁했다.

힘들게 대학을 졸업하고 ROTC 장교로 임관하던 날, 나는 운동장이 떠내려가라 목청껏 만세 삼창을 했다. 이제는 적어도 먹고, 입고, 잠자는 것에 대해 걱정은 하지 않아도 된다고 생각하니 그야말로 '고생 끝! 행복 시작!'이라는 마음에 만세가 절로 나왔다.

가족들이 보는 앞에서 소위 견장을 어깨에 붙이는 순간, 나는 가슴 속 깊이 뜨거운 눈물을 흘리며 정말 오랜만에 아버지의 얼굴을 떠올렸다. 내 기억 속에 늘 술에 취해 있거나 누워 있는 모습밖에 남기지 못했던 우리 아버지. 아버지가 오늘 내 이 모습을 보셨다면 얼마나 기뻐하셨을까 생각하니 처음으로 아버지가 너무 이른 나이에 돌아가셨다는 아쉬운 마음이 들었다. 아버지의 빈자리를 느낀 것은 그때가 처음이었던 것 같다.

그리고 이제, 아버지가 돌아가셨던 나이 마흔아홉을 목전에 둔 나는 비로소 아버지의 고단했던 삶을 마주할 용기가 생겼다.

꿈은 우리가 인생이라는 길고 긴 길을 가는 데에 있어 유일하게 믿고 의지할 수 있는 지도라고 나는 생각한다.

지도는 목적지로 가는 유일한 길이 아니라 여러 가지 길을 두루 포함하고 있다. 그 길은 탄탄대로일 수도 있지만 험준하고 비탈진 길일 수도 있다. 목적지에 닿는 가장 빠르고 쉬운 길일 수도 있지만 에둘러 가는 먼 길일 수도 있다. 그럼에도 우리는 그 지도만을 믿고 따를 수밖에 없다. 왜냐하면, 지도는 결국 목적지로 향하는 모든 길을 보여주는 안내서이기 때문이다. 지도가 있어 우리는 어떤 상황에서도 방향을 잃지 않을 수 있다. 따라서 그것은 언젠가 반드시 목적지에 닿으리라는 희망이며 확신이다.

꿈도 마찬가지다. 꿈이라는 지도가 있었기에 나는 내 삶이 아무리 고단하고 내게 주어진 운명이 절망스러웠어도 포기하거나 좌절하지 않을 수 있었다. 꿈을 버리지만 않는다면, 꿈이라는 인생의 지도를 잃어버리지만 않는다면 언젠가 반드시 내 인생이 목표하는 그곳에 가 닿으리라는 확신을 나는 가지고 있었다.

사람들은 흔히 꿈이 좌절되었다는 표현을 잘 쓴다. 하지만 우리 스스로 그 꿈을 포기하지 않는 한 꿈은 절대 좌절되지 않는다. 우리가 좌절되었다고 생각하는 것은 사실 꿈이 아니라 그 꿈으로 가기 위한 눈앞의 목표일 뿐이다.

물론 때때로 꿈을 수정해야 할 필요는 있다. 육군사관학교에 입학해서 장군이 되려던 내 꿈은 ROTC를 거쳐 장교가 되겠다는 꿈으로 수정되었다. 물론 그 이유는 반드시 육군사관학교에 입학할 것이라던 내 어린 시절의 목표가 좌절되었기 때문이다. 하지만 당장의 목표는 좌절되었어도 내 인생의 꿈은 절대로 좌절되지 않았다. 왜냐하면 내가 아직 내 인생의 꿈을 포기하지 않았기 때문이다.

꿈꾸던 무엇을 이룰 수 없게 된다거나 어떤 목표가 좌절되었다고 해서 모든 것이 끝나는 것은 절대 아니다. 스스로 포기하지 않는 한 꿈은 어떤 상황에서도 지속될 수 있기 때문이다.

꿈이라는 인생의 지도에는 출발점을 표시할 수는 있지만 도착점을 표시할 수는 없다. 왜냐하면, 꿈은 인생이 끝나는 그날까지 그

종착지점이 정해져 있지 않기 때문이다.

그렇게 소원하던 장교가 되었지만 나는 지금 군인이 아니다. 장교로 임관은 했지만, 군에 남지 않고 의무복역기간만을 채우고 전역했기 때문이다. 물론 내 스스로 한 선택이었다. 그리고 그 선택으로 인해 내 인생의 지도에서 꿈의 종착지점이 또 한 번 달라졌을 뿐이다.

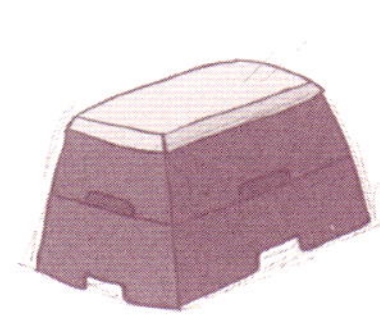

스펙보다 훨씬 더 오랜 시간을 두고
차근차근 만들어 나가야만 하는 것이 나만의 스토리다.
나만의 스토리는 내 인생 전반에 걸쳐 하나로 꿸 수 있는
경험이 쌓이고 쌓여 하나의 구조를 이루었을 때
비로소 완성되는 것이기 때문이다.
결국, 스토리란 내 인생의 히스토리를 통해 탄생하는
결정체와도 같은 것이라 할 수 있다.
스펙 너머에는 스토리가,
스토리 너머에는 히스토리가 있다는 점을 잊어서는 안 된다.

네 번째 질문, 스펙은 정말 아무것도 아닐까?

자존감(自存感)이 없다면 나는 없다

세상의 주목을 받기 위해서는 어디에서든 반드시 리더가 되어야 한다는 생각을 하면서부터 항상 나는 남들과 다르다는 생각을 했다. 달라지고 싶다고, 아니 달라야만 한다고 생각했던 것 같다. 나는 절대 남들과 똑같이 살고 싶지 않았다. 그래서 달도와 완도를 벗어나야 했고, 광주로 가야만 했으며, 서울에 있는 대학에 진학해야만 했다.

특별한 사람이 되고 싶었고, 이 사회 어딘가에 혹은 누군가 타인에게 긍정적인 영향을 줄 수 있는 사람이 되고 싶었다. 이왕 태어난 인생이라면 그 정도는 되어야 살아가는 의미가 있는 것이라고 생각했다. 그리고 반드시 그렇게 될 것이라는 믿음과 확신이 있었다. 그 믿음과 확신에 의지해 살아갈 수밖에 없기도 했다. 그것만이 나 김상국의 자존감(自存感)을 지켜주었기 때문이다.

지금에 와서 생각해보면 나도 나름대로 야망이 컸다. 하지만 냉정하게 말해 나의 현실은 그런 호기로운 야망을 품을만한 처지가 전혀 아니었다. 가난하고 형제 많은 집에서 태어나 나 나름대로는 각고의 노력으로 고학까지 해가며 어렵사리 대학을 마쳤지만 사회적으로는 딱히 자신 있게 내세울 만한 것이 하나도 없었다.

요즘 대학생들 사이에서 가장 큰 과제라는 스펙의 차원에서 본다면 나 역시 부족하고 모자란 것이 더 많은 사람이었다. 그래서 나는 나의 부족한 스펙을 채우려면 다른 사람들과는 확실하게 구별되는 나만의 스토리를 만들어야 한다는 생각을 했다.

누구보다 길고 특별하게 하는 나만의 자기소개

"누구든 한 번 들으면 절대 잊을 수 없는 인상적인 스토리를 만들자."

"역시 김상국은 뭐가 달라도 다르다는 생각이 들 만한 나만의 스토리를 만들자."

"그것으로 나의 존재를 각인시키고, 나의 자존감을 증명하자."

그래서 나는 어딜 가나 누구보다 길게 자기소개를 한다.

어느 모임에서든 자기소개 시간이 주어진다. 모임의 규모에 따라 조금씩 차이는 있어도 대부분 15분에서 20분 정도는 참석자들이 자기를 소개하는 시간으로 할애한다. 그런데 많은 사람들이 자신의 이름과 현재의 소속을 밝히는 것으로 자기소개를 가름한다. 따지고 보면 코흘리개 시절 언제 어디에서나 '×××초등학교 ×학년 ××반 아무개입니다'라고 자신을 소개했던 것과 별반 달라진 게 없는 것이다.

고작해야 1인당 30초 정도면 자기소개는 끝이 난다. 그래서 늘 자기소개에 할애된 20여 분의 시간은 절반 이상 남게 마련이다. 나는 그 절반의 시간을 나만의 자기소개 시간으로 모두 사용한다. 어떨 때는 10여 분의 시간을 나 혼자 독차지하게 될 때도 있다.

본인도 그 천편일률적인 자기소개와 별반 다르지 않은 소개를 했으면서도 누구나 하는 그렇고 그런 자기소개가 계속 이어지면 사람들은 누구나 지루해한다. 소곤소곤 옆 사람과 이야기를 나누는 사람들도 생기고, 혼자서 딴 생각을 하거나 이 지루한 시간이 어서 끝났으면 하고는 아예 딴청을 피우는 사람도 있다.

바로 그때, 내 차례가 돌아오면 나는 길고 긴 나만의 자기소개를 한다. 모임의 성격과 참석자들의 유형에 따라 조금씩 다르기는 하지만 나는 내게 주어진 시간을 통해 나 김상국에 대해 절대 잊을 수 없는 기억과 인상을 심어주기 위한 노력을 한다. 나와 내 인생에 대한 스토리텔링을 통해서 말이다.

"저는 ROTC 26기 김상국입니다. 한국외국어대학교 말레이·인도네시아어과를 졸업하고, 미원(현 대상그룹 대상주식회사)에 근무하고 있습니다. 오늘 여기 모인 여러분들은 집으로 돌아가시면 일단 냉장고를 열어보고 ××××사의 ××××마요네즈가 있으면 무조건 버리십시오. 그리고 싱크대 위에 ××××사의 조미료 ××××가 있다면 그것도 버리십시오. 그리고 저 김상국에게 바로 연락해 주시기 바랍니다. 그러면 제가 곧바로 우리 미원의 제품을 댁으로 보내드리겠습니다. 제 연락처는….”

미원 근무 시절 매년 ROTC 송년 모임에 나가서 한 나의 자기소개 중 일부다.

내 이야기를 듣고 집에서 쓰던 미원 경쟁사의 마요네즈나 조미료를 정말로 내버린 사람은 아마도 없을 것이다. 하지만 그들 중 많은 수가 다시 마요네즈와 조미료를 구입할 때 한 번쯤 나 김상국을 떠올리기는 했을 것이라고 나는 지금도 자부하고 있다. 그리고 그들 중 또 몇몇은 그 일이 계기가 되어 미원의 제품을 구입하게 되었을지도 모를 일이다.

나는 내가 가진 모든 것을 동원해 나를 설명하고, 내가 하고 있는 일을 알리고, 또 그것을 통해 나의 특별함을 정당화하고 각인시켜 나가야 한다고 생각했다. 나는 스펙보다 강한 스토리의 힘을 믿었다. 그리고 그 스토리의 힘으로 나는 언제, 어디서나, 그리고 어떤 상황에서도 나 자신을 특화할 수 있는 기술을 습득할 수 있었다. 그때 습득한 기술은 지금 나만의 특별한 스펙이기도 하다.

가난했던 어린 시절에도 혜택은 있다

나는 가난하고 힘들었던 내 어린 시절의 이야기를 언제 어디서나 서슴없이 한다. 가난이 부끄럽다거나 가난했던 어린 시절을 감출 일이라고 생각하지 않기 때문이다. 그렇다고 처절한 가난을 극복하고 이만큼 성공했음을 뻐기고 싶은 마음은 더더욱 아니다.

'달도에서 가장 가난한 집 아들'이 바로 나 김상국의 스토리가 시작되는 부분이며, 나의 자존감을 증명할 수 있는 단초(端初)가 되기 때문이다. 그 부분을 부정한다면 나만의 스토리를 만들 수 없다고 생각한다. 그래서 누군가 나에게 '그렇게 가난했던 시절이라면 다시 생각하는 것만으로도 진절머리가 나고 싫지 않냐'고 묻는다면 나는 자신 있게 그렇지 않다고 대답할 수 있다. 나는 맹세코 내 어린 시절 기억 중에서 어느 하나도 버리고 싶은 것이 없다.

바닷가에 있었던 우리 집은 파도가 크게 치면 마당까지 바닷물이 들어왔다. 태풍이라도 불고 나면 부엌 바닥에까지 바닷물이 차올랐다. 어느 해인가 태풍이 지나간 다음 날 부엌에 가보니 가마솥 바닥에 조금 남아 있던 밥이 바닷물에 퉁퉁 불어 뚜껑이 거의 부엌 천정까지 닿아 있었다. 그 모습이 어찌나 기가 막히고 우습던지 온가족이 두고두고 이야기하며 웃었던 일도 있다. 어떻게 생각하면 처참한 기억이었을 수도 있는 그 시절의 기억 하나하나가 나에게는 정말 둘도 없이 소중한 추억이다.

걸음을 제대로 걷기 시작하면서부터 일을 했다고 말할 만큼 나는 노동으로 단련된 어린 시절을 보냈다. 그렇기 때문에 대학에 합격한 다음 건강한 몸뚱이 하나만 믿고 서울로 올라와 학비와 생활비를 벌며 공부할 마음을 먹을 수 있었다. 나는 나의 가난했던 어린 시절이 나에게 노동의 가치와 의미를 알게 해주었다고 생각한다. 그것은 가난이 나에게 준 가장 큰 혜택이었다.

나는 어떤 일이든 그 일을 해야 한다는 사실에 겁을 먹거나 움츠려들었던 적이 없다. 말하자면 일을 두려워하지 않는다는 것이다. 지금도 나는 몸을 쓰며 하는 일에 대해서도 주저하거나 두려워하지 않는다. 체면 때문에, 창피해서 할 수 없는 일이란 없다는 생각도 한다. 오히려 더 부끄럽고, 체면을 구기는 일은 아무것도 하지 않는 것이라고 생각한다. 이 또한 가난했기에 무엇이든 일을 해야만 했던 어린 시절을 보냈기 때문에 가능한 일이라고 생각한다.

수백 번 사람의 손을 거쳐야만 비로소 완성되는 김 한 장. 그 김 한 장 한 장에 생계를 걸고 있으니 중학교 때까지 학업보다는 김 양식을 돕는 게 우선일 수밖에 없었던 나날이지만 나에게 있어 바다란 고된 노동의 장이라기보다는 나만의 놀이터이자 학교였다. 그 시절 바다에서의 수많은 경험이 지금의 나를 만들었기 때문이다.

중학교 1학년 때인가 바닷가에서 조금 떨어진 곳에 집터를 사서 새로 집을 지었다. 유추해보면 삼 년에 한 번꼴로 김 풍년이 들었으니 아마 그 해에도 김이 꽤 잘 되어 비교적 살림에 여유가 생겼던 것 같다. 결혼을 해 형수님과 함께 집안 생계를 도맡았던 큰형님과 함께 바닷가 모래를 실어와 블록을 찍어 집을 지었다. 초가지붕 대신 슬레이트 지붕을 얹었고, 방도 4개나 만들었다. 조카들까지 생겨 3대가 한집에서 살려면 그 정도는 되어야 했기 때문이다.

나는 내가 직접 찍어 만든 블록으로 우리 집을 지었다는 것이 그렇게 자랑스러울 수가 없었다. 리어커로 힘들게 바닷모래를 실어와 한 장 한 장 찍은 블록으로 나와 내 가족이 함께 살 집을 지었다는 것은 어린 나에게 고된 노동 뒤에 느낄 수 있는 성취감이 무엇인지를 깨닫게 해주었던 것이다.

지금도 어머니는 달도의 그 집에서 살고 계신다. 물론 전체적으로 리모델링을 해서 지금은 내가 만든 블록의 흔적조차 찾을 수 없지만 달도에 갈 때마다 우리 아이들에게 '아빠와 큰아빠가 지은 집'이라고 의기양양하게 말하곤 한다.

스펙 너머 스토리, 스토리 너머 히스토리가 있다

대학생들을 대상으로 한 강연을 하다 보면 그들의 최대 관심사는 뭐니뭐니해도 '이 사회가 요구하는 스펙'이라는 것을 피부로 실감하게 된다. 학력, 학벌, 외국어 실력, 실무 경험 및 경력 등 구체적이며 수치화된 능력을 의미한다는 스펙은 분명 바늘구멍과도 같은 취업의 관문을 통과하는 데 반드시 필요한 기준이 되고 있다.

특히 학벌을 비롯해 이른바 스펙이 별로 좋지 않은 학생들은 자신의 스펙으로 과연 사회 진출이 가능할지에 대해 처절하게 고민한다. 그런가 하면 소위 스펙이 좋은 학생들도 현재의 스펙이 자신이 기대하고 있는 것과 부합할 것인지를 고민하고, 더 좋은 스펙을 쌓기 위해 다른 노력을 더 해야 하는 것은 아닐지에 대해 전전긍긍하며 청춘을 보내고 있다.

고뇌하는 그들을 보면서 때론 나는 이 사회가 요구하는 스펙이 지금처럼 다양하지 않았을 때 청춘 시절을 지나온 것에 대해 감사하게 된다. 대학도 고학으로 가까스로 졸업한 내가 요즘 대학생들처럼 스펙을 쌓기 위해 별도의 노력을 한다는 것은 꿈도 꿀 수 없는 일이었기 때문이다.

스펙은 정말 아무것도 아닐까?

누군가 이렇게 묻는다면 그 누구도 자신 있게 그렇다고 대답해 줄 수 없을 것이다. 그러나 스펙이 아무것도 아닌 것은 아닐지라도 스펙보다 더 중요한 것들이 훨씬 더 많다는 것을 알아야 한다고 나는 말해주고 싶다. 그리고 스펙이 보다 빛을 발휘하기 위해서는 스토리가 반드시 뒷받침되어야 한다고 나는 생각한다. 스토리 없는 스펙은 이력서 뒷장에 맥락 없이 나열된 상벌 사항과 다를 게 없기 때문이다.

나는 비타민하우스 직원을 뽑을 때 한 번도 학력이나 학벌 등 스펙을 선발의 우선적인 기준으로 했던 적이 없다. 학력이니 학벌이니 외국어 실력이니 하는 것은 단지 참고 사항일 뿐 전부가 될 수 없다고 생각하기 때문이다. 물론 연구개발 분야 등 특정 자격을 지녀야만 업무가 가능한 부서 직원의 경우라면 예외다.

내가 직원을 뽑을 때 가장 먼저 보는 것은 그가 이 일을, 우리 회사를 얼마나 간절하게 필요로 하는가이다. 사람은 누구나 간절히 원하는 일이 맡겨졌을 때 자신의 능력을 최대로 발휘할 수 있기 때문이다.

그다음으로 보는 것은 일과 회사에 대한 자신의 열정을 얼마나 잘 표현하고 있는가 하는 것이다. 입사 시험을 보는데 열정을 이야기 하지 않는 사람은 아무도 없다. 특히 요즘처럼 취업이 어려울 때라면 입사 시험에 응하는 사람들은 대부분 뭐든 시켜만 주면 열심히 하겠다는 의지와 열정을 설명하는데 심혈을 기울인다. 그러나 열정은 설명으로 전달되는 것이 절대 아니다. 열정이야말로 스토리를 통해서 상대의 마음에 전달되는 것이다.

자신이 이 회사에서 일해야만 하는 이유, 자신이 이 일에 얼마나 적합한 사람인가, 그리고 이 일을 얼마나 잘해낼 수 있는가에 대해 상대방에게, 오너에게 확신을 심어 주려면 자신의 열정이 곳곳에 묻어 있는 스토리를 만들어서 보여줘야 한다.

사람들은 흔히 스펙은 하루아침에 만들어지는 것이 아니라고 생각한다. 하루아침에 일류대학 졸업장을 따낼 수도 없고, 외국어 실력도 어느 날 갑자기 훌쩍 좋아지지 않기 때문이다. 각종 자격증을 취득하는 데도 얼마간의 시간이 필요하며, 그 시간을 통한 노력과 연마가 필요하다.

하지만 스펙보다 훨씬 더 오랜 시간을 두고 차근차근 만들어 나가야만 하는 것이 나만의 스토리다. 나만의 스토리는 내 인생 전

반에 걸쳐 하나로 꿸 수 있는 경험이 쌓이고 쌓여 하나의 구조를 이루었을 때 비로소 완성되는 것이기 때문이다. 결국 스토리란 내 인생의 히스토리를 통해 탄생하는 결정체와도 같은 것이라 할 수 있다.

스펙은 분명 중요한 참고 사항이다. 하지만 스펙 너머에는 스토리가, 스토리 너머에는 히스토리가 있다는 점을 잊어서는 안 된다.

꿈을 생각하면 나는 아직도 가슴이 뛴다

가슴을 뛰게 하는 꿈이 있어 운명도 바꿀 수 있었다

"김상국 대표는 평소에 무슨 비타민을 드시는지 늘 활기차 보입니다."

"우리가 모르는 고급 비타민을 혼자만 드시고 있는 것 아닌가요?"

나를 아는 많은 사람들이 농담 반 진담 반 나에게 건네는 말이다. 그렇게 특별한 비타민이 있다면 비타민 제조 유통회사 사장이 몰래 숨겨놓고 혼자만 먹을 리가 절대 없는데도 좀처럼 피곤하다는 소리를 하지 않는 나에게 이런 말을 하곤 하는 것이다.

사실 나는 아무리 늦게까지 일을 하거나 술을 마셔도 다음 날 아침이면 거뜬하게 일어날 수 있는 남다른 체력을 타고났다. 이 또한 노동으로 단련된 가난했던 나의 어린 시절이 준 또 하나의 축복이라고 생각한다.

하지만 나로 하여금 지칠 줄 모르게 하는 에너지의 원천은 역시 꿈이다.

어떤 일이든 지속적으로 반복하다 보면 지치고 피곤을 느끼게 마련이다. 그러나 꿈은 아무리 꿔도 피곤하지도 않고, 지치지도 않는다. 그러니 꿈만큼 효과가 확실한 비타민도 없는 것이다.

나는 내 인생의 꿈을 생각하면 아직도 가슴이 뛰고 설렌다. 물론 지금 내 인생의 꿈은 어린 시절의 그것과는 많이 다르다. 무엇보다 나는 이제 더 이상 장군이 되겠다는 꿈을 가지고 있지 않다. 그 꿈은 이미 오래전에 추억이 되어버렸기 때문이다.

내가 어려서부터 장군이 되려는 꿈을 가지고 ROTC에 지원했었다는 것을 이야기하면 사람들은 대부분 왜 군에 남지 않고 일찍 제대를 했는지 궁금하게 생각한다. 그리고 어떤 드라마틱한 사연이라도 있지 않을까 기대하기도 한다. 하지만 안타깝게도 그런 기막힌 사연 같은 것은 없다.

그렇게 꿈꿔왔던 장교가 되어 막상 임관하고 보니, 군대는 내가 생각했던 것과는 조금 다른 곳이었다. 예나 지금이나 내가 싫어하는 것이 비합리적이고, 비생산적인 일을 하는 것인데, 군대는 때때로 비합리적인 일과 비생산적인 일도 해야만 하는 곳이었다. 물론 이는 군대라는 특수한 조직을 유지하기 위해 부득이 한 선택일 수도 있다. 하지만 나는 군보다는 사회로 나가 보다 생산적인 일을 하고 싶다는 생각을 하게 되었다. 아울러 그즈음에는 꼭 군이 아니더라도 내 삶이 운명과 맞서 싸워 당당하게 나아갈 수 있을 것이라는 자신감이 어느 정도 생겼다. 그래서 소대장 교육을 받으며 단기 복무로 전환했다.

내가 임관하던 해에는 ROTC 출신 장교가 3,600명이나 배출되었다. 그만큼 장기 복무 희망자도 많았던지 마침 단기 복무로 전환할 사람을 모집했던 것이다. 나로서는 퍽 다행스러운 일이었다.

나는 군 생활 중에 군의 비생산적인 관례에 은근히 반기를 드는 행동을 하기도 했다. 대표적인 예가 바로 내가 소대장 시절에 실시했던 독서 점호다. 그때까지 전례가 없는 일이기도 했지만, 지금까지도, 그리고 앞으로도 우리나라 군에서는 없을 일이다.

점호란 원래 인원을 파악하는 일이다. 그러니까 숫자만 제대로 헤아리면 되지 그렇게까지 경직된 분위기에서 겁을 주며 할 일이 아닌 것이다. 나는 소대원 전체가 점호를 하는 약 1시간 동안 독서를 하도록 했다. 내무반 자기 위치에 앉아 책을 읽든 영어 공부를 하든 한자 공부를 하든 정돈된 상태를 유지하며 책을 읽고 있기만 하면 되는 것이었다. 심지어 만화책이나 잡지도 허용했다.

물론 동료 소대장이나 중대장들은 군의 전통과 전례를 무시하는 나의 이런 점호 방식을 탐탁잖게 여겼을 수도 있다. 하지만 어쩌다 보니 나의 독서 점호가 대대장의 귀에까지 들어가게 되었다. 대대장은 독서 점호를 연대에 소개했고, 이후 사단으로까지 소문이 나서 한동안 사단 전체가 독서 점호를 실시한 적도 있다.

어쩌면 나는 정서적으로는 군과 맞지 않는 부분이 많은 사람이다. 그러니 내가 육군사관학교에 가지 않은 것이 다행인지도 모른다. 인생을 통괄하기에는 너무 어린 나이에 단지 타고난 운명에 지지 않고 그 운명을 바꾸기 위해 결정한 꿈의 지도를 너무 늦지 않게 수정할 수 있었기 때문이다.

이제 이 사회와 세상을 위해 긍정적인 영향을 미치는 삶을 꿈꾼다

그렇다고 어차피 장군이 될 것도 아니었는데 그렇게 오랜 시간 그 꿈을 위해 살았던 것을 후회하지는 않는다. 왜냐하면, 장군의 꿈은 오늘의 나를 만드는 데 있어 가장 큰 에너지였고, 또 장교로 임관해 군 생활을 하는 동안 나는 내 인생의 변함없는 목표였던 리더로서 갖추어야 할 모든 덕목을 체계적으로 학습할 수 있었기 때문이다.

지금에 와서 다시 생각해보면 나는 어린 시절 인생의 꿈이 아니라 목표를 먼저 생각했던 것 같다. 운명과도 같은 가난을 극복해야만 했고, 아무도 관심을 가져주지 않을 내 인생을 조금이라도 눈에 띄게, 조금이라도 특별하게 만들기 위해 어디에서든 반드시 리더가 되어야만 했다. 그것이 내 인생의 확실한 목표였다. 그리고 이 두 가지 목표를 동시에 충족시켜줄 수 있는 것이 바로 장군이 되는 것이었다.

절박하기만 했던 내 어린 시절은 꿈을 갖기도 전에 목표를 먼저 생각할 수밖에 없는 상황이었다. 하지만 조금이라도 여유가 있었더라면 목표보다는 꿈을 먼저 생각해 보았을 텐데, 그랬더라면 장군보다 훨씬 더 크고 원대한 꿈을 품을 수도 있었을 텐데 하는 아쉬운 마음도 드는 것이 사실이다.

비록 장군이 되려던 꿈은 스스로 포기했지만 그 이후로도 나는 내 인생의 꿈을 계속해서 꿔나갔고, 그 꿈은 지금도 계속되고 있다. 그래서 나는 아직도 내 꿈을 생각하면 가슴이 뛴다. 이제 내 꿈은 이 사회와 세상을 보다 긍정적인 방향으로 바꾸어 나가는 데 있어 기여하는 삶을 사는 것이다. 내 개인의 삶은 물론이고 우리 비타민하우스의 모든 사업을 통해 이 꿈을 실현하고자 한다. 나는 이 세상에 어떤 영향력을 행사하는 사람이 아니라 긍정적인 영향을 미칠 수 있는 사람이 되고 싶다.

하나의 꿈을 일생동안 유지하든, 그렇지 않든 꿈은 한 사람의 인생을 보다 나은 방향으로 이끌어주고, 더욱 풍요롭게 가꾸어주는 에너지가 된다. 설령 그 꿈이 조금은 허황한 것이라 할지라도 인생에 있어 꿈이 있는 사람과 꿈이 없는 사람의 차이는 아주 크다. 지금 당장은 눈에 보이는 차이가 없을지 몰라도 꿈을 꾸는 사람과 꿈도 꾸지 않는 사람은 인생의 어느 길목에 다다르면 반드시 큰 차이로 벌어질 것이고, 인생의 마지막 도착 지점에서는 분명 크게 달라져 있을 것이다.

이것이 우리가 꿈을 꿔야만 하고, 꿈을 생각해야만 하는 아주 분명한 이유다.

내 꿈은 '과연 타고난 운명을 바꿀 수 있을 것인가'하는 내 질문에 대한 해답이 되었다. 꿈이 있어 나는 내가 타고난 운명과의 한판 승부에서 결코 밀리지 않고 살아남을 수 있었기 때문이다. 꿈은 타고난 운명마저도 바꿔준다고 나는 지금도 자신한다.

2010년 캐나다 밴쿠버에서 열린 제21회 동계올림픽에서 경이적인 점수를 기록하며 금메달을 획득해 세계가 주목하는 피겨 여왕이 된 김연아 선수. 올림픽 이후 그녀의 거취에 대한 궁금증으로 안달이 난 언론매체는 연일 온갖 추측성 기사를 남발했다. 김연아 선수가 피겨스케이팅을 시작한 대여섯 살 무렵부터 꿈꾸어 왔던 올림픽 무대에서 금메달을 획득했기 때문에, 생애 가장 큰 꿈이자 목표를 너무 어린 나이에 이루었기 때문에 더 이상 목표를 갖고 매진해야만 할 이유가 없어졌을 것이라고 했다. 이제 막 스물을 넘긴 김연아 선수에게는 더 이상의 꿈도 목표도 없다는 것이었다. 이 섣부른 추측에 힘이라도 실어주는 듯 김연아 선수 또한 이렇다 할 계획을 밝히지 않고 말을 아끼면서도 큰 무대에서 큰 성과를 거둔 만큼 당분간 쉬고 싶다는 의사를 표현하기도 했다.

그러나 꿈을 이루었기 때문에, 혹은 꿈을 이루지 못했기 때문에 목표를 상실한다는 것에 나는 결코 동의할 수 없다. 한 번이라도 멋진 꿈을 가슴에 품어 보았던 사람이라면 그 꿈의 달성 여부와 상관없이 또다시 얼마든 꿈을 꿀 수 있다고 생각하기 때문이다. 꿈을 이루어본 경험이 있는 사람이라면 이번에는 더 큰 꿈을 꿀 수도 있을 것이고, 안타깝게도 꿈을 포기해야만 하는 경험이 있는 사람이라면 현실의 꿈을 향해 한 걸음 더 다가갈 수 있는 지혜를 얻을 수 있을 것이다.

꿈은 여전히 꿈꾸고 있을 때 가장 큰 힘을 발휘한다. 꿈을 이루었다면 더없이 좋겠지만 궁극적으로는 꿈을 이루지 못했다 하더라도 꿈을 꾸고, 그 꿈을 위해 열심히 노력했다면 그것만으로도 꿈은 제 역할을 다한 것이다.

올림픽 금메달이라는 원대한 꿈을 품고, 그 꿈을 위해 노력해 마침내 그 꿈을 이루었던 김연아 선수는 이제 새로운 꿈을 향한 도약을 준비하고 있다. 올림픽 이후 출전한 2011 세계선수권대회에서 '오마주 투 코리아(Homage to Korea)'로 대한민국 국민이 자신에게 보여준 애정과 관심에 깊은 감사를 표해 국민적 감동을 선사한 것을 마지막으로 꽤 긴 시간 현역 무대에서 모습을 보이지 않았던 김연아 선수. 그녀가 지난 20개월의 공백이 무색할 만큼 여전한 실력과 탁월한 점수로 현역 무대에 복귀해 다시 한 번 세계를 놀라게 했다. 이로써 김연아 선수는 다음 행보를 예고한 것이다. 백만 마디 말보다 강력한 7분의 드라마로써 말이다.

그것이 올림픽 금메달 2연패 달성이든, 자신의 모든 것이었던 피겨스케이팅을 통한 국제무대에서의 또 다른 활약이든 우리는 일단 박수를 보내야 한다. 왜냐하면 그녀는 지금도 여전히 꿈을 꾸고 있고, 그 꿈 때문에 가슴이 뛰고 있을 것이기 때문이다.

인생의 첫 번째 원칙 ▼ 1

자신을 인정하라!

1984년, 나는 대한민국에서 가장 잘 나가는 신문팔이 대학생

자신이 처한 상황을 직시하고, 나 자신을 인정하라.

내가 지금까지 살아오면서 나름대로 정한 인생의 첫 번째 원칙이다.

꿈과 이상은 높을수록 좋다지만 높은 꿈과 이상을 갖기 전에 일단 현재 나 자신의 위치를 인정하는 과정이 반드시 필요하다고 생각한다. 그리고 자신의 위치에 대한 인정은 스스로가 처한 상황에 대한 직시와 함께 이루어진다.

1984년 한국외국어대학교 용인캠퍼스(현 글로벌캠퍼스) 말레이·인도네시아어과(현 말레이·인도네시아어통번역학과)에 입학한 나는 지하철에서 신문을 팔아 생활비를 충당해야만 했다. 지금은 지하철이나 전철 객차 안에서 신문을 팔지 않지만 그 당시에는 철도 관련 업종 종사자와 퇴직자, 그리고 순직 유가족을 위한 홍익회(현 코레일유통)의 주관하에 객차 안을 오고 가며 신문을 파는 사람들이 있었다. 신문을 팔던 사람들은 대부분 불우한 환경에서 스스로 생계를 책임져야 하는 십대 청소년들이었다.

나는 그들과 함께 기숙사라 일컬어지는 달동네 판잣집에서 생활하며 신문을 팔던 대한민국에서 거의 유일한 신문팔이 대학생이었다. 삼 년에 한 번꼴로 들던 김 풍년이 내가 대학에 입학하던 때에도 때마침 찾아와 대학 입학금은 간신히 마련했다. 하지만 광주도 아니고 서울 하늘 아래 자취할 방을 마련할 형편까지는 되지 못했다. 나는 옷 보따리를 싸들고 무작정 서울로 왔다. 소도 비빌 언덕이 있어야 눕는다고 하는데, 나는 정말 비빌 언덕은커녕 잠시 기댈 담벼락 하나 없는 상황에서 서울로 왔다. 숙소를 제공해주는 아르바이트 자리를 찾아다녔다. 생활비와 잠자리를 동시에 해결하려면 그 수밖에 없었다.

요즘은 대학생 과외도 허용되고, 대학생들이 아르바이트로 할 만한 일이 많은 편이지만 그때는 대학생이 할 수 있는 아르바이트라고는 막노동밖에 없었다. 그것도 학기 중에는 주말밖에 일을 할 수 없으니 그런 대학생을 반기는 곳은 거의 없었다. 겨우 찾아낸 것이 바로 신문팔이였다.

그때 나는 아마 대한민국에서 가장 가난한 대학생이었을 것이다. 그것이 당시 나의 현실이었고, 내 위치였다.

나는 지하철 1호선 군포역에서 가리봉역 사이를 오고 가며 신문을 팔았다. 학기 중에는 수업이 없는 주말에만, 방학 중에는 일주일 내내 신문을 팔았다. 원래는 조간신문을 파는 조와 석간신문을 파는 조가 따로 있었지만 주말에 나는 조간과 석간을 모두 팔았다. 그래서 평일에는 7천 원 정도, 신문이 잘 팔리는 주말에는 2만 원에서 2만 5천 원 정도를 벌었던 것 같다. 방학 내내 매일 신문을 팔아 꽤 지갑이 두둑해진 학기 초에는 학기 중에 신세를 진 친구들에게 밥을 사주기도 했다.

처음 신문을 팔기 위해 지하철을 탔을 때는 "조선·동아·중앙일보 100원이요!", "석간 100원이요!"하는 말조차 크게 안 나왔다. 입이 딱 들러붙어 승객이 나를 불러 신문 한 장 달라고 말할 때까지 우물쭈물 서 있기도 했다. 하지만 얼마 지나지 않아 어차피 신문팔이 대학생이 된 바에야 신문을 한 장이라도 더 팔자는 생각을 하게 되었다. 나는 그날 팔 신문의 헤드라인 뉴스를 미리 대충이라도 훑어보고는 객차 안을 돌아다니며 헤드라인 뉴스의 일부를 조금씩 흘렸다. 신문 뉴스를 가지고 스토리를 만들어 궁금증을 유발하자는 것이었다.

"북한 김일성이…, 조선·동아·중앙일보 조간이요!"

"북한 김일성이 심장병으로…, 조선·동아·중앙일보 조간이요!"

지금도 크게 다르지 않지만 북한이라는 단어가 뉴스 앞머리에 나오기만 하면 사람들은 눈과 귀를 쫑긋 세우던 시절이었다. 그런 날은 신문이 갑절은 더 팔렸다. 신문팔이에도 스토리의 힘은 크게 작용했다.

내가 만든 스토리의 힘을 확인하고 나니 한결 자신이 생겼다. 더불어 출퇴근길에 지친 승객들을 대상으로 한 편의 코미디 같은 즐거운 이벤트를 만들어보자는 생각까지 할 여유가 생겼다. 신문을 팔기 위한 나의 뉴스 스토리텔링 실력도 나날이 진화했다. 그만큼 신문도 많이 팔렸다.

조간과 석간을 모두 팔던 어느 주말에는 아침 출근길에 조간을 샀던 승객을 퇴근길에 또 만나는 일도 종종 있었다. 토요일도 모두 근무를 하던 시절이었기 때문이다. 그러면 내가 살짝 흘리고 지나가는 헤드라인 뉴스의 내용을 옆 사람에게 귓속말로 알려주는 장난스러운 승객들도 있었다. 옆 사람에게 뉴스를 일러주다가 나랑 눈이 마주쳐 멋쩍게 미소를 지어 보이던 그때 그 장년 신사도 지금은 아마 초로(初老)의 노신사가 되어 있을 것이다.

그러던 어느 겨울날 나는 그 지하철 안에서 낯익은 중년의 신사 한 분과 딱 마주쳤다. 긴 코트를 입고 큼지막한 가방을 들고 지하철에 오른 그분은 다름 아닌 나의 은사님 양승윤 교수님이었다.

1년 이상 신문을 팔며 대학을 다니고 있었지만 그 사실을 아는 사람은 그리 많지 않았다. 당연히 교수님도 그 사실을 알리가 없었다. 교수님은 나를 보고 놀라 아무 말도 못하는데 나는 그 앞에서 그만 울음이 터져 버리고 말았다. 지금 와서 다시 생각해봐도 대한민국에서 가장 가난한 신문팔이 대학생이라는 내 현실을 들킨 것이 부끄러웠던 것은 정말로 아니었는데, 왜 그리 눈물이 쏟아졌는지 모르겠다. 엉엉 우는 내 모습에 교수님은 아무 말씀도 하지 않고 나를 꽉 끌어안아 어깨만 두드려 주셨다.

그로부터 며칠 동안 나는 교수님을 피해 다녔다. 다 큰 사내놈이 전철 안에서 목 놓아 울었던 것이 너무 수치스러워 도저히 교수님 앞에 다시 설 용기가 나지 않았다. 결국 교수님이 다른 학생을 시켜 나를 교수님 연구실로 불러들이셨다. 쭈뼛쭈뼛 교수님 방으로 들어서는데 교수님은 나에게 눈길 한번 안 주시고는 테이블 위에 노란 봉투 하나를 탁하고 던지듯 내려놓으셨다. 그리고는 "가져가!"라는 단 한 마디만을 남긴 채 나보다 먼저 방을 나가버리셨다.

내가 거절하거나 사양할 틈을 주지 않으려고 그랬던 것이다. 교수님이 내던지듯 주고 가신 노란 봉투 안에는 20여만 원 정도의 돈이 들어 있었다. 한 학기 등록금이 60여만 원 정도 하던 때였으니 적지 않은 돈이었다.

돈의 많고 적음을 떠나 그 노란 봉투에서 전해지던 교수님의 마음을 나는 지금까지도 잊을 수가 없다. 나는 그때 교수님이 주신 돈으로 학교 기숙사에 들어가게 되었다. 대학에 입학해서부터 나는 줄곧 군포역 뒤 달동네 판잣집에서 신문 파는 아이들과 함께 지냈는데, 그곳은 도무지 공부할 수 있는 환경이 아니었다. 어려운 형편 때문에 학교를 그만 두고 신문팔이가 되어야 했던 아이들은 밤마다 몰려다니며 술을 마셨고, 술에 취하면 패싸움을 벌이기 일쑤였다. 하는 수 없이 군포역 근처 독서실로 거처를 옮겨 새우잠을 자며 생활하고 있던 차에 교수님의 도움으로 학교 기숙사에 들어갈 수 있었던 것이다.

신문을 팔아 대학 1학년을 마친 나는 2학년 때는 가락동 수산시장에서 해물장사를 했다. 누님이 결혼을 해서 가락동 수산시장에서 해물장사를 하고 있었는데 매일 새벽 2시부터 아침까지 그 일을 함께했던 것이다. 새벽에 일어나 장사를 하고 학교에 가야 했기 때문에 늘 잠이 부족했다. 그리고 아무리 매일 깨끗이 씻어도 몸에 잔뜩 밴 비린내가 쉽게 없어지지 않았기 때문에 학교에 가서도 여학생들 근처에는 앉지도 못했다.

그 밖에도 할 수 있는 일이란 일은 가리지 않고 뭐든 닥치는 대로 했다. 당시 우리 학교는 한 사람에게 일 년에 한 학기 이상 성적 장학금을 주지 않았기 때문에 학기의 등록금을 충당하려면 어쩔 수 없었다.

어느 해 여름방학에는 우리 학교 사회과학대학 건물을 짓는 공사 현장에서도 아르바이트를 했고, 3, 4학년 때는 학교 앞 주유소에서 야간 아르바이트를 했다. 강의가 끝나는 오후 4시부터 다음날 새벽 2시까지 주유소에서 일했는데 손님이 뜸한 밤에는 조용히 공부를 하기에도 좋았다. 하지만 새벽으로 갈수록 손님은 더욱 뜸해지고 대신 졸음이 몰려왔다. 졸다가 자동차 경적 소리에 깜짝 놀라 뛰어나간 적이 한두 번이 아니었다.

사실 잠이 덜 깬 상태에서 뛰어나가 휘발유 차에 경유를 넣었던 적도 있고, 경유 차에 휘발유를 넣었던 적도 있었다. 하지만 그때마다 마음씨 너그러운 운전자를 만나 큰 탈 없이 무마할 수 있었다.

가난은 부끄럽지 않았다!
그러나 가난 때문에 좌절한다는 것은 부끄럽다

그 시절 나는 무슨 자신감에서였는지 가난한 내 처지를 크게 부끄럽게 생각하지 않았다. 솔직히 '가난이 뭐 어때서! 죄도 아닌데!'라는 배짱도 있었다. 젊은 날의 치기도 약간 있었으리라. 하지만 가난보다 부끄러운 것은 가난 때문에, 녹록하지 않은 환경이나 처지를 탓하며 좌절하는 것이 훨씬 더 부끄러운 것이라고 분명히 생각했다.

그러나 더 솔직히 말하면 가난이 부끄러운 것이라는 생각조차 할 여유가 없었다. 나는 대학생이 되어서도 서울이나 도시 사람들이 어떻게 사는지 잘 알지 못했다. 다른 사람들이 어떻게 사는지를 모르니 내 형편을 부끄럽게 여기거나 열등감을 느낄 수조차 없었던 것이다.

그런데 대학 3학년 때, 서울의 한 아파트에 사는 ROTC 동기의 집에 가보고 큰 충격을 받았던 기억이 있다. 지금 생각해보면 30평대 복층 아파트였는데, 그때 내 눈에는 그 집이 으리으리한 대저택처럼 보였다. 무엇보다 화장실이 두 개라는 사실에 엄청 놀랐다. ROTC 동기 중에는 나와 함께 일명 거지 삼총사로 불렸던 다른 두 친구가 있었는데 그 친구들에게 저택에서 하룻밤을 자고 온 이야기를 무슨 무용담처럼 들려주었다.

이것이 바로 말로만 듣던 도시와 시골의 차이구나 하는 생각과 함께 나는 〈서울 쥐, 시골 쥐〉라는 옛날이야기를 떠올렸다. 나는 영락없이 그 이야기 속 시골 쥐였다.

달도초등학교에 다닐 때 나는 우리 반에서 유일하게 스케치북이 없는 아이였다. 그래서 미술시간에 그린 그림을 걸어두는 교실 뒷벽 내 자리에는 항상 낱장 도화지가 붙어 있었다. 38권의 스케치북과 한 장의 도화지가 나란히 걸려 있는 그 모습을 보면서 나는 내가 달도에서 가장 가난한 집 아이라는 사실을 생각하지 않을 수가 없었다. 그리고 어제까지는 나와 별로 다르지 않을 것이라 생각했던 ROTC 동기의 으리으리한 집에 가보고 나는 도시의 삶을 구경도 못한 시골 쥐라는 생각을 하게 된 것이다.

물론 우리 반 아이들 중에서 나만 스케치북을 살 수 없었다는 사실을 깨달았을 때보다도 더 충격이 컸지만 부끄럽다거나 내 처지가 한없이 초라하다거나 하는 생각은 하지 않았다. 시골 쥐인 내 처지를 비관하거나 방황하지도 않았다. 그 모든 것이 그 시절 나에게는 사치였다. 나는 원하건 원하지 않건 일단 내 자신과 내 자신의 위치를 인정할 수밖에 없었다. 그리고 그 인정 위에서 다시 일어설 수밖에 없었다.

모든 발전은 결국 현실에 대한 직시와 인정에서부터 시작된다. 그리고 일단 인정을 하고 나면 의외로 모든 마음이 편안해진다. 알게 모르게 내 마음을 마구 어지럽히고 있던 열등감, 자격지심, 자기연민 등으로부터 자유롭게 해방될 수 있기 때문이다. 마음이 편안해지면 그다음 길이 더 뚜렷하게 보이게 마련이다.

자신을 인정하고 나면 자연스럽게 사고도 변화된다. 무엇보다도 우선 어떤 일을 하든 '내가 고작 이런 일이나 하려고 여기까지 온 게 아닌데…'하는 식의 자기비하적 사고는 버리게 된다. 내가 인정한 나를 지금보다 한층 더 발전시키는 데 아무런 도움이 되지 않는 어리석은 생각이라는 것을 깨닫게 되기 때문이다. 대신 어떤 일을 하든 어떻게 하면 더 잘할 수 있을까에만 집중하게 될 것이다.

시골 쥐라는 나의 현실을 직시하고 쿨하게 인정하고 나니 이제부터 내가 할 수 있는 일이 무엇인지에 대한 생각이 하나둘 떠오르기 시작했다. 그리고 그 일을 통해 내가 무엇을 이룰 것인지에 대해 생각하고, 다시 한 번 목표를 세울 수 있게 되었다.

제3장

절대로 잊지 말아야 할 여섯 가지 우선순위

목표가 뚜렷한 사람은 모든 일에서 시간을 절약할 수 있다.
ROTC로 임관해 군에 남는 것을 목표로 대학에 갔지만
군에 남지 않기로 결정했던 내가 고민하고 방황하는 시간 없이
곧바로 취업 준비에 매진할 수 있었던 이유 역시
인도네시아라는 새로운 목표가 뚜렷했기 때문이다.

어떻게 할 것인가
VS 무엇을 할 것인가

3분 동안 고민하고 결정한 진로, 말레이·인도네시아어과

내가 한국외국어대학교 말레이·인도네시아어과를 졸업했다고 하면 말레이시아와 인도네시아에도 고유한 언어가 있냐고 묻는 사람들이 많다. 나 역시 대학 진학 이전까지 말레이시아어와 인도네시아어에 대한 아무런 지식이 없었으니 일반 사람들이 그렇게 생각하는 것도 무리는 아니다.

육군사관학교 대신 ROTC를 통해 장교가 되기로 마음먹은 이후 나의 목표는 ROTC, 즉 학생군사교육단이 있는 대학에 입학하는 것이었다. 그리고 대학은 반드시 서울로 간다는 것이 또 하나의 목표였다. '말은 제주로 보내고 사람은 서울로 보내라'는 옛말 때문이었다. 세상의 리더가 되기 위해서는 적어도 서울까지는 가봐야 한다고 생각했다.

뭐든 외우는 것에는 자신이 있었던 나에게는 외국어 공부가 적성에 맞았다. 영어도 그리 못하는 편은 아니었지만 영어영문학과는 어느 대학이나 입학 점수가 높았고 경쟁률도 높았다. 그래서 차선책으로 생각한 것이 고등학교 때 제2외국어였던 일본어였다. 우리말과 어순이 거의 비슷한 일본어는 단어를 많이 외우기만 하면 어렵지 않게 문장을 만들 수 있었기 때문에 나는 일본어가 재미있었고, 또 그만큼 성적도 잘 나왔다.

마침내 대학 입시 원서를 쓸 때가 되어 담임선생님께 한국외국어대학교 일어과에 가겠다고 말씀드렸다. 하지만 본전도 못 찾고 교무실을 쫓겨 나오고 말았다. 내 성적으로는 어림도 없으니 다시 생각해보고 오라는 것이었다. 도대체 내 성적으로는 어느 학과를 갈 수 있을까 하고 찾던 중에 말레이·인도네시아어과가 눈에 딱 들어왔다. 바로 이것이다 싶은 생각이 들어 2~3분 만에 마음을 결정하고 말레이·인도네시아어과에 원서를 썼다.

수많은 섬으로 이루어진 나라, 세계에서 네 번째로 많은 인구, 한반도의 아홉 배나 되는 드넓은 국토, 풍부한 천연자원의 보고로 무한한 발전 가능성을 지닌 나라, 인도네시아. 세계 지리 수업시간에 배운 인도네시아에 대한 지식이 머리를 스치면서 영어나 일어, 중국어가 아닐 바에야 하는 사람이 많지 않은 특수언어를 전공하자는 생각을 했던 것이다. 그리고 말레이·인도네시아어는 고등학교 제2외국어 과목으로 선정되어 있지 않기 때문에 누구나 똑같은 상황에서 대학에 들어가 새롭게 시작할 수밖에 없다는 점도 큰 매력으로 다가왔다. 어차피 모두가 제로인 상태에서 시작하는 것이니 완도 촌놈 김상국이라고 해서 크게 불리할 것도 없다는 생각이었다.

말레이시이시아어와 인도네시아어는 90% 이상 일치하는 언어로 어휘에서 약간의 차이를 보일 뿐 같은 언어라고 봐도 무방하다. 그래서 말레이·인도네시아어, 또는 마인어라 부르며 교재도 말레이시아어와 인도네시아어 교재를 구분하지 않고 하나로 사용한다. 인도네시아어를 기준으로 공부해서 말레이시아어의 차이점을 알아두면 되기 때문이다.

실제로 대학 1학년 겨울방학 때 지하철에서 말레이시아에서 온 유학생들을 만나 그때까지 1년 남짓 배운 인도네시아어로 대화를 해보니 불편함 없이 거의 통했다. 당시 그들은 서울대학교에 교환학생으로 와있다고 했다. 그런데 지하철에서 신문을 팔던 사람이 자기네 나라말로 말을 걸어오니 얼마나 놀랐을까? 깜짝 놀란 그들의 얼굴이 지금도 눈에 선하다.

말레이시아와 인도네시아는 오랜 세월 서구 열강의 지배를 받아왔기 때문에 이미 오래전부터 영어 알파벳을 표기 문자로 사용하고 있다. 하지만 대학에 입학할 때까지 말레이·인도네시아어에 대한 사전 지식이 전혀 없었던 나는 아랍어처럼 그들 고유의 표기문자를 사용하는 줄 알았다. 그런데 대학에 들어와 보니 익숙한 영어 알파벳을 사용하고 있어서 얼마나 놀랐는지 모른다. 게다가 영어와 비슷한 단어도 많아 조금만 신경을 써서 외우면 어휘 실력도 쑥쑥 늘었다.

군에서 제대한 다음 목표는 인도네시아

ROTC가 되기 위해 대학을 간 것이나 마찬가지였던 나는 처음에는 ROTC에 선발되기 위해 학점 관리를 하느라 전공 공부를 게을리할 수 없기도 했지만 인도네시아어 공부 자체도 꽤 흥미로웠다.

그래서 장교로 임관한 다음 계속 군에 남아 있기를 포기한 후 내 목표는 자연스럽게 인도네시아로 변경되었다. 불과 2~3분 만에 내린 결정이었지만 무궁무진한 천연자원의 보고로 앞으로의 발전 가능성이 무한한 나라, 인도네시아에 대한 이미지가 워낙 강했기 때문에 그 나라의 무한한 가능성이 곧 나의 가능성으로 이어질 수 있을 것이라는 확신 같은 것도 생겼다.

나는 단기복무 전환 신청을 한 다음부터는 인도네시아에 진출해 사업을 벌이고 있는 기업에 취직하겠다는 목표를 세웠다. 입사 후에는 당연히 인도네시아에 가겠다는 목표를 세웠다. 군에 뿌리내리려 했던 내 인생을 인도네시아에 옮겨 더욱 튼실하게 뿌리내리겠다는 생각이었다.

당시 말레이·인도네시아어과 졸업생의 취업률은 100%였다. 졸업생이 나오기를 기다렸다가 여기저기에서 데려간다는 말이 있을 지경이었다. 하지만 내 목표는 단순한 취업이 아니라 취업과 동시에 인도네시아로 가는 것이었기 때문에 인도네시아 근무가 가능하지 않은 회사는 거들떠보지도 않았다. 그저 인도네시아어를 업무에 사용하는 정도로는 만족할 수가 없었다. 인도네시아라는 무한한 발전가능성과 잠재력의 나라에서 새로운 인생의 승부를 걸어보고 싶었기 때문이다.

내 목표는 미원에 입사하는 것이었다. 미원은 당시 우리나라 최초로 순수 우리 기술로 플랜트를 수출, 인도네시아 MSG 현지법인을 설립한 기업이었다. 그러니 인도네시아에서 새로운 꿈을 펼치려는 나에게 딱 맞는 기업이 바로 미원이었다.

나는 미원이 아닌 다른 기업의 채용 공고는 눈에 들어오지도 않았다. ROTC가 되기 위해 대학을 갔던 것처럼, 이번에는 인도네시아에서의 꿈을 펼치기 위해 나는 미원에 입사를 해야만 했다. 하지만 무슨 일인지 미원에서는 좀처럼 채용 공고를 내지 않았다. 제대도 하기 전에 취업이 결정되는 ROTC 동기들이 하나둘 생겨나자 나도 불안한 마음이 들기 시작했다. 그때마다 약해진 내 마음을 다독여 주신 분은 역시 은사님이신 양승윤 교수님이다. 양 교수님은 내가 강원도 화천 산꼭대기에서 훈련을 하고 있을 때에도 어떻게 알아내셨는지 그곳까지 직접 전화를 해서 채용 정보를 알려주셨고, 추천장을 써서 보내주셨다.

대학 시절 지하철에서 신문 파는 모습을 들킨 이후 양 교수님과 나의 인연은 그렇게 계속되고 있었다. 나와 양 교수님 사이에는 말하지 않아도 통하는 무엇이 있다. 그래서 양승윤 교수님은 내게 늘 아버지 같은 분이다. 그리고 그 인연은 지금까지도 이어지고 있다.

군 복무 중인 제자의 취업에까지 신경 써주시는 은사님께 고마운 마음을 표현할 길이 없었던 나는 훈련 중에 캔 굵고 실한 산더덕으로 더덕주(酒)를 담가 교수님께 선물했다. 그렇게라도 내 마음을 전하고 싶었다. 교수님은 더덕주를 받으며 당시 아직 어린 소녀였던 큰딸이 결혼을 하면 꼭 사위와 함께 마시겠노라고 말씀하셨다. 나는 교수님이 나와의 인연을 사위를 보고 손주를 볼 때까지, 아니 그 이후까지 영원히 이어가겠다는 말씀을 이렇게 하신 것 같아 더할 나위 없이 기쁘고 뿌듯했다.

그런데 그때 그 더덕주가 지금 다시 내 손에 있다. 왜냐하면, 교수님 큰딸이 결혼을 했는데 아쉽게도 사위가 술을 한 모금도 못하는 사람이기 때문이다. 교수님은 그 더덕주를 지난 2010년 비타민하우스 제1공장인 담양공장 준공식 때 건배주로 쓰라며 다시 들고 오셨다. 산더덕을 캐서 술을 담근 것이 1989년, 제대 직전의 일이니 20년도 더 된 더덕주다.

하지만 나는 아직까지 그 술을 개봉하지 않고 있다. 언젠가 더 의미 있는 일이 생겼을 때, 나와 양 교수님의 인연을 생각하며 개봉하기 위해 아껴두기로 한 것이다.

물론 양승윤 교수님과 나의 인연은 지금까지 이어지고 있다. 무엇보다 양 교수님의 아들이 지금 비타민하우스에 근무하고 있다. 말하자면 아들을 나에게 맡긴 것이다. 늘 아버지 같은 역할을 해주셨던 양 교수님께 내가 비로소 큰아들 같은 역할을 하고 있다는 마음이 들어 기쁘면서도 한편 내가 양 교수님께 받은 것에 비해 너무 보잘것없는 것이 아닌가 싶어 죄송한 마음이기도 하다.

오랜 기다림 끝에 나는 한국외국어대학교 ROTC 55명 동기 중에서 꼴찌로 취업을 했다. 제대하고도 3~4개월이 지난 다음이었지만 목표로 했던 미원에 입사했다. 입사 동기 250명 중 면접시험 점수가 2등이었다. 신문팔이로 단련된 목청과 배포로 나는 수십 명의 임원진 앞에서 주눅이 들지 않고 내 포부를 당당히 밝혔다. 미원에 입사한 이상 미원에서 최고의 자리인 미원 사장이 되어야겠다는 것이 면접시험에서 밝힌 나의 목표였다.

목표가 뚜렷하면 시간을 줄일 수 있다

나는 어떤 일을 하든 어떻게 할 것인가보다는 무엇을 할 것인가를 먼저 생각해야 한다고 생각한다. 어떻게 할 것인가를 먼저 생각하다보면 내가 할 수 있는 것이 무엇인지를 생각하고 그 범위 안에서 목표를 설정하게 되기 때문이다. 물론 내가 할 수 있는 범위 내에서 목표를 정하는 것이 필요할 때도 있다. 하지만 할 수 있는 일, 실현 가능한 일만 하다 보면 발전은 더딜 수밖에 없는 것이다.

어떤 일을 할 것인가 하는 목표가 뚜렷하다면 그 일을 하기 위해 어떻게 할 것인가는 자연히 알게 된다. 목표가 뚜렷한 사람은 모든 일에서 시간을 절약할 수 있다. 방황하지 않고 목표를 향해 나아갈 수 있으며, 설령 잠깐 방황하고 길을 잃어 헤맨다 하더라도 금세 제 궤도를 찾을 수 있기 때문이다. ROTC로 임관해 군에 남는 것을 목표로 대학에 갔지만 군에 남지 않기로 결정했던 내가 고민하고 방황하는 시간 없이 곧바로 취업 준비에 매진할 수 있었던 이유 역시 인도네시아라는 새로운 목표가 뚜렷했기 때문이다.

그래서 나는 지금 비타민하우스 경영에서도 사업 타당성 보고니, 벤치마킹이니 하는 보고서를 그다지 중요하게 생각하지 않는다. 따라서 어떤 사업을 해야만 하는 이유와 그 시장 배경 설명, 건강기능식품 선진국 또는 선진회사의 사례, 리스크 분석 등이 위주가 되는 사업계획서보다는 어떤 사업을 어떤 목표로, 어떤 순서에 따라 어떻게 추진할 것인가 하는 실행방안을 더 중요하게 생각한다. 나는 늘 우리 직원들에게 거창한 사업계획서 말고 뚜렷한 사업 목표와 구체적 실행방안을 가져오라고 한다.

물론 때론 10년 후, 20년 후를 내다보는 먼 안목과 긴 호흡으로 준비해야 할 사업도 있을 것이다. 그러나 모든 사업이 그렇게 긴 여유를 가지고 우리를 기다려주지는 않는다. 특히 우리 비타민하우스의 경우 경제, 문화 트렌드 등 사회의 변화에 따라 소비자의 요구가 급속하게 변하는 건강기능식품을 취급하는 만큼 단기간 내에 결정하고, 추진하고, 승부를 내야 하는 일이 많다. 이럴 때일수록 목표가 뚜렷하고, 그 목표에 대한 확신만 있다면 그것을 향해 무섭게 앞으로 나아가는 추진력이 강조되는 것이다. 이것은 우리 비타민하우스의 경영 철학인 스피드 경영의 출발점이기도 하다.

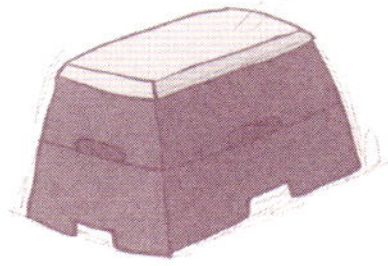

취업을 준비할 때 대부분의 사람들은
'어떤 회사에 들어갈 것인가'를 먼저 생각한다.
물론 사회생활의 첫걸음을
어디에서 시작하는가는 중요한 문제다.
하지만 정작 취업의 문을 뚫고 들어선 다음에는
내가 이 회사에서 '어떤 일을 할 것인가'의 문제가
훨씬 더 큰 문제로 다가온다는 점을 기억해야 한다.
우리의 삶은 의외로 어떤 회사에 다닌다는 것보다는
어떤 일을 하고 있다는 것에 더 큰 영향을 받게 되어 있다.

어떤 회사에 들어갈 것인가 VS 어떤 일을 할 것인가

영업은 결국 나 자신을 파는 것

나는 미원에서 사회생활의 첫발을 내디뎠다.

미원은 당시 플랜트 수출로 인도네시아 시장 선점에 주력하고 있는 기업이었고, 나는 인도네시아어를 전공한데다가 ROTC 출신이었기 때문에 미원 내 어느 부서든 골라 갈 수 있는 조건이었다. 하지만 나는 식품영업본부를 선택했다. 그 시절에도 지금과 마찬가지로 영업은 기피 직종이었다. 멀쩡히 대학을 나온 사람이라면 더더욱 흔쾌히 자원할 리 없는 부서다. 하지만 나는 하루라도 빨리 인도네시아에 가려면 인도네시아 영업을 총괄하는 식품영업본부로 들어가야 한다고 생각했다.

입사하면 바로 인도네시아로 가게 될 줄 알았던 내 기대와는 달리 나는 백화점 식품매장과 대형 슈퍼마켓 등을 돌며 영업을 하게 되었다. 어차피 인도네시아에서도 하게 될 영업이니 국내에서도 얼마간 경험을 쌓는 것이 필요하겠다 싶었다.

내가 처음으로 영업을 위해 나간 현장은 당시 잠실에 새로 생긴 대형백화점 식품매장이었다. 현장에 나가 부딪혀보니 역시 영업이 내 적성에 잘 맞는 일이라는 것을 알게 되었다.

당시 미원의 주력 상품은 미원, 맛나, 감치미 등 조미료와 햄, 소시지 등이었다. 그중에서도 조미료의 대명사가 되어버린 미원과 미원의 명성을 이어가기 위해 속속 출시된 신제품 맛나, 감치미 등은 국내시장에서 경쟁사와 치열한 경쟁을 벌이고 있는 상황이었다. 그리고 백색조미료의 유해성을 과학적 근거로 제시하며 새로운 개념의 조미료를 먼저 출시한 경쟁사에게 사실상 미원은 약간 밀리고 있었다.

그때까지 현장 판매는 거의 판촉여사원들이 맡아 했고, 영업사원들은 현장 영업을 지원한다는 명분으로 현장에 나가 멀찍이 서서 보고 있거나 매장 측 MD를 만나 판촉 이외의 영업 관련 업무를 보는 것이 대부분이었다.

하지만 나는 내가 현장에 나가 있을 때 우리 매대(賣臺) 앞에 모인 고객 수가 경쟁사 매대보다 적으면 도저히 보고만 있을 수가 없었다. 판촉여사원의 마이크를 빼앗아 매대에 올라서서 내가 직접 판매에 나서야 직성이 풀렸다.

나는 지하철에서 신문을 팔 때처럼 나를, 그리고 미원의 매대를 주의 주목할 수밖에 없는 나만의 독특한 판매 멘트를 만들어 말하기 시작했다. 신문팔이로 다져진 큰 목청도 한몫을 했다.

"오늘도 변함없이 우리 ××백화점을 찾아주신 고객 여러분께 감사의 말씀을 드리며 몇 가지 안내말씀을 드리겠습니다. 우리 ××백화점은 오전 ××시에 개장에 오후 ××시까지 영업을 합니다. 오늘 ××백화점 식품매장 정육 코너에서는 신선한 등심을 ×××g 당 ××××원이라는 파격적인 가격에 판매할 예정이니 고객 여러분의 많은 구매 바랍니다. 아울러 미원 코너에서는…."

판촉여사원 일색인 식품매장 매대에 말쑥한 양복 차림의 건장한 청년이 올라선 것만으로도 관심을 끌기에 충분했다. 여기에 미원, 맛나, 감치미의 판매 전략을 알리기 전에 식품매장 전반에 대한 정보를 먼저 말함으로써 일단 모든 고객의 주의를 집중시켰다. 그리고 나서 우리 제품에 대한 정보를 말하면 그 정보가 고객의 머릿속에도 잘 남았고, 쇼핑을 마친 고객들이 한번은 우리 매대를 들러가게 되었다. 일단 매대에 들르면 한두 가지 필요한 것이 눈에 띄게 마련이다. 어느 가정에서나 일상적으로 사용하는 식품이 제품의 대부분이었기 때문이다. 더불어 매장 측에서도 미원에 대해서 좋은 인상을 갖게 되었다.

판매직 여사원이 판매할 때와 비교해 매대에 모이는 고객의 수가 확연하게 달라지고, 판매량이 늘어나는 것을 눈으로 확인하고 나니 내가 지금 팔고 있는 것은 그저 한낱 미원의 제품이 아니라 나 자신 김상국이라는 생각이 들었다.

경쟁사 영업본부장까지 인정한 미원 영업사원 김상국

원조 국민 어머니로 명성이 자자했던 유명 탤런트를 광고 모델로 기용하고 전방위적인 판촉을 벌이던 경쟁사 신제품에 밀리고 있던 상황에서도 내가 현장에 나가 있는 날만큼은 경쟁사도 미원의 판매를 이기지 못했다.

어느 날 식품영업본부 본부장이 시찰차 내가 관리하는 영업 현장을 방문한 일이 있었다. 당연히 그날 나는 본부장을 안내하고 보좌하는 업무를 해야 했다. 그런데 하필 그날 따라 우리 제품의 판매가 경쟁사에 밀리고 있었다. 나는 본부장을 혼자 내버려두고 판촉여사원의 마이크를 빼앗아 매대로 올라갔다.

그때는 이미 한번 마이크를 잡으면 4~5시간 이상 판매 멘트를 줄줄 외우며 판촉을 할 수 있었던 때였다. 화장실 가는 것도 잊어버리고 판매를 했으니 본부장이 왔다는 사실은 이미 오래전에 내 머릿속에서 지워졌다.

경쟁사에 밀리고 있던 우리 매대에 고객들이 하나 둘 모여들기 시작하고 이내 전세가 역전되었다. 우리 판촉여사원들은 계산하느라 정신을 못 차릴 정도가 되었고, 그 모습을 멀리서 지켜보던 본부장마저 '김상국은 정말 대단한 놈'이라며 혀를 내둘렀다고 한다.

그 시절 나는 영업에 미쳐 있었다. 자나 깨나 어떻게 하면 우리 회사 제품을 더 많이 팔 수 있을까 만을 고민하고 연구하고 있었으니 말이다.

영업은, 특히 현장 영업은 단기간 내에도 눈에 보이는 성과를 낼 수 있는 일이다. 나는 우리 회사 식품영업본부장은 물론 경쟁사 임원까지도 혀를 내두를 정도로 놀라운 영업 실적을 내며 승승장구하다가 2년 3개월 만에 대리로 진급했다. 통상 3~4년은 걸리는 대리 진급을 2년 3개월 만에 했으니 초고속 승진이라 할 만하다.

대리 승진으로 나는 관리팀장을 맡게 되었다. 관리팀장은 판촉여사원의 선발에서부터 교육, 투입, 관리 일체를 맡아서 하게 된다. 내가 선발하고, 내가 교육시켜 현장에 투입한 판촉여사원들은 어느 사이엔가 모두 나와 비슷해졌다. 그래서 한동안 전국의 모든 미원 판촉여사원들은 김상국의 분신이나 마찬가지라는 말이 생길 정도였다. 경쟁사에게 밀리기만 하던 미원의 영업 실적도 크게 성장했다. 김상국의 분신과도 같은 판촉여사원들이 판촉을 잘하고 있어도 나는 조금이라도 우리 제품의 판매가 저조하다는 느낌만 들면 여전히 직접 매대에 올라 판촉을 했다.

경쟁사에서는 나의 이런 적극성이 판매 실적을 좌우한다는 것을 뻔히 보고 알면서도 어쩔 도리가 없어 그냥 구경만 하고 있었다. 지금도 크게 다르지 않지만 당시에는 대졸 남자 사원이 식품매장이나 슈퍼마켓에서 현장 판매 영업을 한다는 것을 상상도 하지 못했기 때문이다. 김상국처럼 하면 된다는 것을 알았지만 정작 김상국처럼 할 수 있는 사람이 경쟁사에는 없었던 것이다.

돌이켜 생각해보면 나를 스카우트하려고 했던 경쟁사의 시도가 없지는 않았을 것이다. 실제로 현장 시찰을 나온 경쟁사 영업본부장이 내가 매대에 올라 판촉하는 것을 보고 '저 친구를 우리가 뽑았더라면 지금 여기서 우리 회사 제품을 팔고 있었을 텐데, 우리가 큰 물건을 놓쳤다'며 아쉬워했다는 말을 그 회사 관리팀장으로부터 전해들은 적도 있다. 하지만 그때는 그것이 스카웃 의사를 내비치는 것이었다는 것을 정작 나 자신은 전혀 눈치채지 못했다.

회사가 나를 인도네시아에 보내줄 때까지 나는 내가 맡은 일에 최선을 다하겠다는 생각밖에 없었다. 그리고 이렇게 즐겁게 일할 수 있는 기회를 준 회사가 나에게는 더없이 고마운 존재였다. 지금도 나는 미원이라는 회사에 대해 변함없이 고마운 마음을 가지고 있다.

영업과 마케팅이 뭐가 다르지?

영업에 미쳐 자나 깨나 미원 팔 궁리만 했던 4년 3개월. 나는 그 시절을 생각하면 지금도 가슴이 뛰고 신이 난다.

취업을 준비할 때 대부분의 사람들은 '어떤 회사에 들어갈 것인가'를 먼저 생각한다. 심지어는 그것만을 생각하기도 한다. 물론 사회생활의 첫걸음을 어디에서 시작하는가는 중요한 문제다. 첫 단추를 어떻게 끼우느냐에 따라 결과가 크게 달라질 수 있기 때문이다.

하지만 정작 취업의 문을 뚫고 들어선 다음에는 내가 이 회사에서 '어떤 일을 할 것인가'의 문제가 훨씬 더 큰 문제로 다가온다는 점을 기억해야 한다. 어떤 회사에 취업을 하든 다 마찬가지다. 우리의 삶은 의외로 어떤 회사에 다닌다는 것보다는 어떤 일을 하고 있다는 것에 더 큰 영향을 받게 되어 있다.

그렇다면 어떤 회사에 들어갈 것인가 보다 어떤 일을 할 것인가를 조금 더 미리 생각해보는 것은 어떨까. 내가 인도네시아에 가기 위해 미원이라는 기업을 선택했던 것처럼 말이다. 그러면 요즘과 같이 좁디좁은 취업의 문도 조금은, 아주 조금은 넓어지지 않을까.

하지만 예나 지금이나 영업은 사람들이 기피하는 업무 중 한 분야이다. 문이공상(文理工商)이라 하여 학문의 서열을 정했던 유교사상으로부터 완전히 자유롭지 못한 탓인지 주로 현장에서 이루어지는 영업 업무는 취업난이 심각한 요즘도 지원하는 사람이 많지 않은 일이다. 그러면서도 마케팅은 하겠다는 사람이 많다. 그래서 영업직원을 모집할 때 마케팅이라고 하면 지원자가 훨씬 늘어나는 이상한 현상도 일어난다고 생각한다.

나는 진심으로 상대를 감동, 감화시켜 내 상품을 고객 스스로 구입하도록 하는 것이 영업이고 마케팅이라고 생각한다. 그렇다면 진심을 다해 상대를 감동, 감화시키는 방법을 생각하고 고안해내는 것이 마케팅이고, 이를 현장에서 시도해보는 것이 영업이라고 굳이 그 의미를 구분해 생각해볼 수는 있다. 물론 여기에는 우리 스스로 만들어낸 언어 통념이 작용하고 있음을 기억해야 한다.

하지만 나는 영업과 마케팅이 다른 일이라고 절대 생각하지 않는다. 단어 그 자체로 생각하면 영업을 영어로 말한 것이 마케팅인데 영업은 기피하면서도 마케팅은 선호하는 이유를 도대체 모르겠다.

대부분 현장에서 이루어지는 일인 만큼 몸이 고될 것이라는 생각에서 기피하는 것이라고 한다면 일정 부분 이해가 되기도 한다. 하지만 고된 만큼 직접 느끼게 되는 성취감과 그로 인한 긍지와 자부심도 무척 크다는 점을 생각해보길 바란다.

생각해보면 모든 비즈니스는 결국 현장에서 이루어진다. 따라서 현장 경험 없이는 비즈니스를 충분히 안다고 말할 수 없는 것이다.

나는 우리 비타민하우스 직원들에게 회사에서 꼭 필요한 사람이 되기를 원한다면 되도록 현장 경험을 쌓으라고 말한다. 자신은 마케팅 업무를 하기 위해 입사했기 때문에 영업 업무를 맡긴다면 퇴사하겠다고 하는 직원이라면 그 직원이 아무리 마케팅 업무에 특별한 역량을 지녔다고 하더라도 굳이 잡아두지 않는다. 현장을 모르고는 절대 마케팅을 잘할 수 없다고 생각하기 때문이다.

회사가 필요로 하는 인재는 회사의 모든 일을 두루두루, 고르게 파악하고 있는 사람이다. 어떤 일이 주어지든 그 일을 해낼 수 있는 직원이라면 회사는 어떤 일이 있어도 그 사람을 놓치려 하지 않을 것이다. 그중에서도 특히 모든 비즈니스의 시작이며 끝이라 할 수 있는 영업은 어떤 일을 하든 반드시 한 번은 경험해야 할 기본 중의 기본 업무라고 생각한다. 모든 비즈니스가 지닌 궁극의 목표는 영업, 즉 판매에 있기 때문이다.

이것이 내가 새로 입사한 모든 비타민하우스의 모든 직원으로 하여금 최소한 2~3주간의 현장 영업을 경험하도록 하는 이유이다.

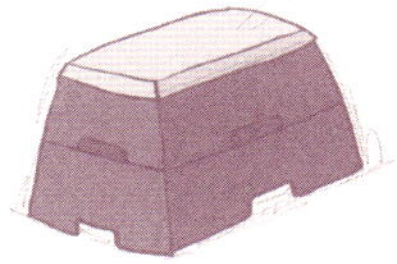

어떤 일을 하든 내 마음이 어떻게 움직이는지에

가장 먼저 관심을 기울여야 한다.

내 마음이 움직이지 않는 일이라면

내가 진심을 다하고 최선을 다할 수 없을 것이고,

내가 진심과 최선을 다하지 않는데

상대가 마음을 움직여 줄 리가 없기 때문이다.

상대의 마음을 먼저 움직일 것인가 VS 내 마음이 먼저 움직이는가

지금도 조미료는 미원 쓰세요?

나는 1990년 10월 미원에 입사해서 1998년 1월 퇴사하기까지 7년 3개월 동안 식품영업본부와 제약사업부(현 대상웰라이프)를 거쳐 오로지 영업 업무만 했다. 나는 그 기간 동안 쌓은 모든 경험과 그로부터 얻은 노하우로 지금의 비타민하우스를 만들었고, 지금까지도 그 힘으로 비타민하우스를 성장시켜오고 있다. 그러니까 미원은 나에게 철저한 신분 보장과 더불어 안정적인 생계를 보장하면서 경영 수업까지 받을 수 있게 해준 곳이다.

그래서 나는 비타민하우스의 대표가 되어서도 한때 내가 몸담았던 미원이라는 회사에 감사하며 내가 미원 출신이라는 것에 대해 변함없는 자부심을 느끼고 있다.

"댁에서 조미료 쓰세요?"

누군가 나에게 이런 호기심 어린 질문을 한다면 나는 자신 있게 지금은 대상으로 이름을 바꾼 과거 미원의 제품을 쓰고 있다고 대답한다. 건강기능식품을 만들어 파는 회사의 대표가 화학조미료를 먹는다는 말을 하면 다들 의아하게 생각할 것이다. 하지만 집에서 만드는 음식에 기껏해야 작은 차 숟가락으로 반의반도 채 들어가지 않는 화학조미료가 우리 건강을 크게 해치지는 않는다는 것이 내 평소 신념이다.

밖에서 사 먹는 음식이나 인스턴트식품은 말할 것도 없지만 우리가 화학조미료와는 아무런 상관이 없다고 생각하는 소주에까지 화학조미료 성분은 들어간다. 물론 뭐든 그렇듯 너무 과하면 문제가 되겠지만 음식의 감칠맛을 내기 위해 넣는 미량의 조미료에 벌벌 떠는 것은 현대인들의 과민한 반응이라고 생각한다.

이야기가 화학조미료 예찬론처럼 들렸을 수 있겠지만 사실 내가 정말 하고 싶은 말은 따로 있다. 나는 내가 한때 헌신할 각오로 열심히 일했던 회사와 그 회사가 만들어서 파는 제품에 대해 누구보다 긍지와 자부심을 가지고 있었으며 그 마음은 회사를 떠난 지 15년이 지난 지금까지도 변함이 없다는 것을 말하고 싶은 것이다.

심지어 지금은 우리 비타민하우스와 경쟁 관계에 있는 대상웰라이프에 대해서도 같은 마음이다. 물론 그렇다고 해서 경쟁에서 봐준다거나 져도 된다는 생각까지 하는 것은 아니다. 다만 내가 한때 근무했던 기업과 이제는 어깨를 나란히 하고 건강기능식품에 있어서만큼은 결코 뒤지지 않는다는 사실이 나를 더욱 뿌듯하게 할 뿐이다.

하지만 한때 미원에서 간부 사원이었거나 심지어는 임원까지 했으면서도 회사를 떠나고 나면 회사에 대해 썩 좋지 않은 말만 하는 사람들을 자주 보게 된다. 그들은 마치 그동안 회사가 자신에게 큰 해라도 입혔던 양, 회사 쪽으로는 두 번 다시 발걸음도 하고 싶지 않다며 진저리를 치기도 한다. 나는 그런 사람들의 생각을 도저히 이해할 수가 없다.

떠나오고 나니 두 번 다시 고개도 돌리고 싶지 않을 만큼 자기가 다니던 회사에 대한 애사심도 없고, 회사가 만든 제품에 대한 자신과 긍지도 없었는데 그동안은 어떻게 남들 앞에서 회사와 회사가 만든 제품을 홍보할 수 있었을까 싶어서다.

진정성만이 사람의 마음을 움직인다

나는 지금도 언제 어떤 상황에서든 나 자신을 특화하여 여러 사람들에게 각인시킬 수 있다는 자신감을 가지고 있다. 물론 내가 잘나서, 내가 정말 특별해서 당연히 그렇게 할 수 있다는 것이 아니다. 상대의 마음을 움직여 나를 기억할 수 있도록 하기 위해 나는 내가 살아온 날들과 그 의미를 특별한 스토리로 만들어 전달할 수 있다는 자신감이 있다는 것이다. 물론 그 스토리는 추호의 거짓도 없는 진실이다.

하지만 아무리 특별한 스토리라 하더라도 그것이 상대의 마음을 움직인다는 것은 결코 쉬운 일이 아니다. 독특한 소재에, 스펙터클한 스토리가 전개되는 영화라고 해서 모든 사람에게 감동을 주지는 않는다는 것이 이를 증명한다.

나의 스토리가, 내가 하는 말이 상대의 마음을 움직이려면 무엇보다 진정성이 필요하다. 그리고 그 진정성은 마음속 깊은 곳에서 저절로 울리는 메아리와 같은 것이다. 따라서 일시적인 노력으로는 만들어 내거나 표현할 수 없다.

영업도 마찬가지다. 평소 내가 다니는 회사와 내가 영업하는 제품에 대한 무한한 신뢰와 자부심을 갖고 있지 않다면 고객의 마음을 움직여 감동 감화시키는 일 또한 절대로 할 수가 없는 것이다. 내 회사와 내가 영업하는 제품에 대한 진심 어린 신뢰와 자부심. 이것이 바로 진정성이다.

영업이란 궁극적으로 서비스나 물건을 팔기 위한 일이지만 물건을 팔기에 앞서 물건을 팔려는 사람과 물건을 사려는 사람 사이에서 어떤 교감이 먼저 일어나야만 성공할 수 있다는 사실을 잊어서는 안 된다. 그리고 그 교감은 그 둘 사이에 어떤 진정성이 오고 갔을 때 비로소 이루어진다는 것도 반드시 기억해야 한다.

내가 ROTC 반지를 빼지 않는 이유

사실 나의 모든 경험과 내가 가진 모든 것, 그리고 나에게 주어진 모든 것에 감사하며 자부심을 느낀다. 아니 그러려고 노력한다. 감사하기로 작정하고, 자부심을 가지려고 하나하나 따지다 보면 실제로 우리 인생에서는 감사할 것과 자부심을 가져야 할 것이 너무나 많다.

달도에서 가장 가난한 집 넷째아들로 태어난 내 태생에 나는 감사한다. 태생부터 가난했던 탓에 또래보다 일찍 철이 들었고, 친구들보다 일찍 인생의 목표를 정할 수 있었음에 감사한다. 또한 그 목표를 향해 흔들림 없이 나아갈 수 있었음에 감사하고 또 감사한다. 그리고 어려서부터 노동의 가치와 의미를 알고, 그 노동으로 단련된 강인한 몸과 마음을 가질 수 있었음에도 감사한다.

ROTC가 되기 위해 선택한 한국외국어대학교 말레이·인도네시아어과. 세상 사람들은 그런 학과가 있냐고 묻고, 그래 봐야 제2 캠퍼스이지 않느냐고 묻기도 한다. 하지만 한국외국어대학교는 누가 뭐래도 자랑스러운 내 모교이며 말레이·인도네시아어과는 내게 새로운 꿈과 인연을 만들어준 곳이다. 내 나이 아홉 살 이후 지금까지 부재했던 아버지, 그 빈자리를 채워주신 양승윤 교수님과의 만남이 이루어진 곳이고, 인도네시아라는 새로운 꿈을 심어준 곳이기 때문이다.

당연히 26기 ROTC였다는 점에도 감사한다. 비록 군에 남아 장군이 되지는 못했지만 리더로서의 경험을 체계적으로 할 수 있도록 해준 ROTC 장교 시절 나의 경험을 나는 자랑스럽게 생각한다. 내가 지금까지도 언제 어떤 자리에서든 절대로 ROTC임관 반지를 빼지 않는 이유이기도 하다. 그리고 ROTC의 상징인 임관 반지를 항상 몸에 지님으로써 대한민국 ROTC로서 어울리지 않는 불명예스러운 행동은 절대로 하지 않겠다는 스스로의 다짐이기도 하다.

내가 지금까지 살아온 인생 전반에 대해 이렇듯 철저한 자부심을 가지는 이유가 내 인생에 대한 어떤 아쉬움이나 부족함이 없다고 생각하기 때문은 아니다. 나라고 왜 아쉬움이 없고, 불만족스러운 점이 없겠는가. 하지만 나는 어떤 노력을 해도 도저히 돌이킬 수 없는 일이나 내 뜻과 의지로 변화시키거나 발전시킬 수 없는 일에 대해서는 어떤 후회도 불만도 갖지 않는다. 이유는 아주 간단하다. 후회해도, 불만스럽게 생각해도 아무런 소용이 없기 때문이다.

후회해도 소용없는 일이라면 그 안에서 의미를 찾는 수밖에 없다. 그리고 그 의미를 통해 또 다른 변화나 발전을 꾀하는 것이 훨씬 더 효율적이라는 것이 내 생각이다.

내 스스로 내 삶에 자부심과 긍지를 갖지 않는다면 세상 그 누구도 내 삶이 특별하다고 인정해주지 않을 것이다. 반대로 전 세계가 나를 인정하더라도 내 스스로 나를 인정하지 않는다면, 이 또한 아무런 의미가 없다. 그래서 나는 내 삶이, 내가 지나온 시간과 경험들이 하나하나 다 소중하고 감사하다. 이것이 바로 내가 생각하는 자존감(自存感)의 근원이다.

세상에서 가장 어려운 일은 사람의 마음을 얻는 일이다. 그래서 어느 철학자는 '세상에서 가장 위대한 승리는 사람의 마음을 얻는 것'이라고까지 말했다.

그런데 사람의 마음 중에서 가장 얻기 힘든 것은 결국 자기 자신의 마음인 것 같다. 다른 사람의 마음은 설령 금세 들통이 날지라도 온갖 감언이설이나 거짓으로 환심을 사는 방법으로라도 조금은 움직여볼 수도 있다. 하지만 정작 내 자신의 마음은 그런 방법으로는 절대로 움직여지지 않는다. 세상 모든 사람을 속여도 자기 자신은 속일 수 없는 법이니까.

그러므로 어떤 일을 하든 내 마음이 어떻게 움직이는지에 가장 먼저 관심을 기울여야 한다. 내 마음이 움직이지 않는 일이라면 내가 진심을 다하고 최선을 다할 수 없을 것이고, 내가 진심과 최선을 다하지 않는데 상대가 마음을 움직여 줄 리가 없기 때문이다. 내 마음이 됐든 상대의 마음이 됐든 누군가의 마음을 움직이기 위해서는 무엇보다 진정성이 필요하다.

'자기가 좋으면 간도 빼 줄 수 있는 게 사람'이라고
대학 시절 은사인 양승윤 교수님은 늘 말씀하셨다.
나는 그 말을 지금껏 철석같이 믿고 있기에
사람을, 사람의 힘을 믿는다.
사람의 마음은 한번 얻기가 힘들어서 그렇지
일단 한번 얻고 나면 다시 잃을 위험이 가장 적은 재산이다.
그래서 나는 나에게 마음을 준 모든 사람들의 힘을 믿는다.

환경 때문인가
VS 사람 때문인가

인도네시아에서 사물놀이 하는 남자

1994년 10월, 나는 마침내 인도네시아로 발령을 받았다. 처음에는 칼리만딴(Kalimantan)에서 근무를 시작했지만 한 달 만에 다시 서부 자바 제2의 도시인 반둥(Bandung)으로 발령이 났다. 당시 인도네시아에는 일본의 아지노모토와 중국의 샤샤가 진출해 우리나라의 미원과 치열한 경쟁을 벌이고 있었는데, 특히 반둥 지역에서 미원은 경쟁사들에 밀려 고전을 하고 있었다.

인도네시아는 원래 조미료의 주성분인 사탕수수의 원산지로 유명하다. 그러니까 미원과 아지노모토, 샤샤는 모두 원산지인 인도네시아의 사탕수수를 싼값에 사서 조미료로 가공한 다음 이를 다시 인도네시아 시장에 수출하고 있는 기업이었다.

나는 반둥을 살리라는 특명을 받고 반둥 지점으로 가게 되었다.

반둥 지점에 가자마자 나는 인도네시아 현지 채용 판촉여사원들로 구성된 미원 고적대를 데리고 반둥 지역 재래시장을 돌며 영업을 시작했다.

당시 미원 고적대의 인기는 상당했다. 가는 곳마다 미원 고적대를 반기는 재래시장 상인들과 손님들을 보면서 나는 우리 전통문화인 사물놀이를 해보는 것도 좋을 것 같다는 아이디어를 생각해 내게 되었다. 사람 사는 곳은 어디나 다 비슷하다는 말을 증명이라도 하듯 인도네시아 반둥 지역의 재래시장은 우리나라 재래시장과는 뭔가 다른 듯하면서도 닮은 구석이 아주 많았다. 상인들과 오고 가는 손님들 모두 왁자지껄한 분위기나 덤과 에누리가 통하는 끈끈하고 정감 어린 모습만 봐서는 우리나라 재래시장과 크게 다르지 않았다. 다만 오고 가는 언어가 다르고, 사고파는 물건이 조금 낯선 것일 뿐이었다.

대학 시절부터 사물놀이를 배우고 싶었지만 아르바이트하느라, ROTC 교육받느라 도무지 짬이 없었던 나는 사물놀이를 배울 기회를 갖지 못했다. 더구나 내가 대학을 다닐 당시의 분위기에서는 사물놀이는 곧 격렬한 학생운동과 직결되는 것이었기 때문에 선뜻 다가설 수도 없었다. 그런데 군에 가서 사물놀이를 배울 좋은 기회가 생겼다. 소대원 중에 북, 꽹과리, 장구, 징을 모두 잘 다루는 이른바 사물놀이 꾼두쇠가 있었던 것이다. 나는 틈날 때마다 그 소대원에게 개인지도를 받아 군 복무 중에 사물놀이를 거의 마스터했다. 군 복무 중에도 소대원들과 사물놀이 공연을 할 정도로 실력이 늘었던 나는 미원 입사 후 워크숍이나 백화점 행사 등에서도 사물놀이 공연을 해서 큰 호응을 얻었던 경험이 있었다.

시장은 달라도 사람은 같다는 생각 하나로 나는 사물놀이 공연을 통해 아지노모토와 샤샤에 밀리고 있는 미원의 입지를 새롭게 하겠다는 야심 찬 계획을 세웠다. 일단 서울에서 사물놀이 악기를 공수해 받았다. 관심 있고 자질 있는 판촉여사원들을 선발해 기본적인 장단을 가르치면서 미흡하나마 공연을 준비했다. 사물놀이패 복장도 얼추 비슷하게 갖추었다.

마침내 거리 공연을 할만한 실력이 갖추어져서 나는 미원 사물놀이패를 이끌고 반둥 지역 재래시장으로 나갔다. 거리 공연의 반응은 그야말로 폭발적이었다. 당연히 아지노모토와 샤샤가 중심이었던 경쟁 판도도 뒤집어졌다.

내가 반둥 지점에 근무하던 기간은 공교롭게도 라마단 기간과 겹쳤다. 라마단은 이슬람력(歷)에서 아홉 번째 달을 의미하는 말로 이 달의 시작을 알리는 초승달이 뜬 날로부터 한 달 동안 해가 떠 있는 동안에는 일체의 음식과 물을 먹지 않는 등 여러 가지 금기 사항을 지키며 하루에 다섯 번씩 기도를 하는 이슬람교의 전통이다. 물론 대학 때 라마단의 전통을 배운 기억은 있지만 외국인이었던 나에게는 이 라마단 기간이 정확히 인식되지 않았다. 그런데 어느 날부터인가 판촉여사원들이 낮에는 물도 한 모금 입에 대지 않고 있다는 것을 알게 되었다.

그래서 물어보니 라마단 기간의 금기 사항을 지키기 위해 이들은 해가 뜨기 전인 새벽 4시 이전에 아침 식사를 한다는 것이었다. 라마단 기간에는 인도네시아 국민 모두가 이렇게 한다고 했다.

나는 이왕 일찍 일어나 아침 식사까지 했으면 아예 그 시간에 바로 출근했다가 그만큼 일찍 퇴근하는 게 어떻겠냐고 했다. 아침식사를 하기 위해 꼭두새벽에 일어났지만 식사를 마치고 다시 잠을 잘 수도 없었던 판촉여사원들도 반기는 기색이었다.

그래서 남은 라마단 기간 동안 반둥 지점의 출근 시간은 새벽 4시가 되었다. 판촉여사원들이 모두 출근을 하면 나는 그들과 함께 새벽시장으로 갔다. 물론 고적대나 사물놀이패가 동행했다.

경쟁사가 모두 잠든 이른 새벽, 반둥 지역 재래시장은 그야말로 미원만의 독무대였다. 내가 반둥 지점에 합류한 지 한 달 만에 당시 인도네시아에서 주력 상품으로 판매하고 있던 미원 제품 '바이오 미원'의 판매량이 250% 가까이 늘었다.

내가 반둥 지점에 근무하는 5개월 동안 판매량은 단 한 번도 뒷걸음질 치지 않고 지속해서 신장했고, 마침내 인도네시아 전 지역, 전 지점 중에서 '바이오 미원'을 가장 많이 판매한 지점이 바로 우리 반둥 지점이 되었다. 심지어 80%가 외상에 20%만 현금 수금을 하던 관례를 무시하고 80% 현금 수금에 단 20%만 외상으로 준다는 조건을 내세우는 데도 '바이오 미원'의 판매량은 줄지 않았다. 오히려 100% 현금을 줄 테니 자기 가게에 먼저 납품해달라는 상인들까지 생겨났다.

환경은 달라도 사람의 마음을 움직일 수 있는 가장 결정적인 힘은 결국 진정성이라는 사실을 나는 인도네시아에서도 몸소 확인할 수 있었다.

150여 일의 인연, 10년 만에 지킨 약속

마음먹으면 마음먹는 대로 원하면 원하는 대로 이루며 즐겁게 일할 수 있는 시간이 영원할 줄 알았다. 그런데 반둥 지점에 온 지 5개월, 인도네시아에 온 지 6개월 만에 다시 서울로 발령이 났다. 그즈음 해외 지사 파견 직원의 복리후생 차원에서 6개월 순환 근무제가 도입되었기 때문이다. 게다가 나는 첫 아이가 태어난 직후 인도네시아로 발령을 받았던 터라 서울로 돌아와야 할 대상 중 0순위의 직원 명단에 올랐던 것이다.

하지만 나에게는 청천벽력과도 같은 일이었다. 인도네시아에 오기 위해 미원에 입사했고, 4년 3개월이나 기다려 마침내 인도네시아에 왔는데, 이제 막 뭔가 해보려는데 다시 서울로 돌아가라니! 처음에는 안 가겠다고 버티기도 했다. 하지만 근무 규정이 그렇다는 데야 더 고집을 피울 수가 없었다.

당시 반둥 지점에 근무하던 80여 명의 영업사원과 판촉여사원들이 함께 했던 송별회 자리는 그야말로 울음바다였다. 그 5개월 동안 그들과 나는 정말 한마음 한뜻으로 즐겁게 일을 했고, 그러다 보니 짧은 시간이지만 정이 깊이 들었던 것이다. 서울에 갔다가 곧 다시 돌아오겠다고, 그리고 서울에 가서도 자주 연락하겠다고 약속하며 그 약속의 징표라도 되는 양 그들이 일일이 써준 편지와 연락처를 고이 간직하고 서울로 돌아왔다. 1995년 4월의 일이었다.

그러나 다시 돌아오겠다는 약속도, 꼭 연락하겠다는 약속도 나는 10년 만에야 겨우 지킬 수 있었다.

물론 그 약속을 잊었던 적은 단 한 순간도 없었다. 하지만 결국 나도 바쁘고 여유가 없었다는 변명을 할 수밖에 없다.

2005년 나는 그들과의 약속을 지키기 위해 자신의 연락처를 남겨 주었던 14명의 판촉여사원들에게 편지를 썼다. 요즘 같았으면 이메일 주소나 휴대폰 번호를 적어줬을 텐데, 당시 대부분 미원 기숙사에서 생활했던 판촉여사원들은 고향집 주소를 남겼던 모양이다. 내가 보낸 편지는 그들의 부모님이나 일가친척의 손을 거쳐 전달되었고, 마침내 14명 중 8명에게서 회신이 왔다.

나는 그들의 회신을 받자마자 인도네시아로 갔다. 워낙 갑작스러운 만남이라 모두 다 참석할 수는 없었지만, 나는 그들이 최대한 많이 나올 수 있도록 자카르타에서 비행기로 1시간여를 더 들어가야 하는 중부 지역 스마랑(Semarang)까지 가서 그들을 만났다. 그리고 그 이후 그들과의 만남은 지금까지 이어지고 있다. 이제는 결혼을 해 남편과 아이들까지 데리고 나와 여전히 나를 반기는 그들과 만나는 일 년에 두 번 인도네시아 여행은 내 삶에서 절대로 빼놓을 수 없는 행복이다.

자기가 좋으면 제 간도 빼줄 수 있는 게 사람

지금도 어려운 일이 있으면 친오빠에게 하듯 상의해 오고, 좋은 일이 있을 때도 잊지 않고 연락해주는 그들은 내가 인도네시아에 두고 온 또 하나의 가족이다. 내가 비타민하우스의 글로벌 사업 영역에서 인도네시아를 절대로 빼놓지 않는 이유 또한 그들이다.

그러나 그들과 내가 인도네시아에서 함께 했던 시간은 고작 5개월, 150여 일 남짓이었다고 말하면 사람들은 모두 고개를 갸우뚱한다. 5년 혹은 15년을 잘못 말한 게 아니냐는 반응이다. 그러나 정말 5개월이다. 다만 그 5개월 동안 우리는 서로의 마음을 얻는 데 성공했을 뿐이다. 물론 그 성공의 비결은 진정성이다.

'자기가 좋으면 간도 빼 줄 수 있는 게 사람'이라고 대학 시절 은사인 양승윤 교수님은 늘 말씀하셨다. 나는 그 말을 지금껏 철석같이 믿고 있기에 사람을, 사람의 힘을 믿는다.

그래서 나는 회사에 위기가 찾아올 때마다 직원들에게 이렇게 말하곤 한다.

"사람이 있는 한 비타민하우스는 절대로 망하지 않습니다. 우리 비타민하우스 가족들이 있고, 우리 비타민하우스의 제품을 믿고 구매해주시는 고객이 있는 한 우리는 절대 망하지 않을 것이라고 저는 믿습니다."

사람의 마음은 한번 얻기가 어려워서 그렇지 일단 한번 얻고 나면 다시 잃을 위험이 가장 적은 재산이다. 그래서 나는 나에게 마음을 준 모든 사람들의 힘을 믿는다. 그리고 그 힘이 나를 지지하는 한 내 삶도, 그리고 우리 비타민하우스도 절대 무너지지 않을 것이라는 믿음을 가지고 있다.

나 역시 그 누군가에게 절대 사라지거나 무너질 리 없는 믿음직한 힘이 되고 싶다.

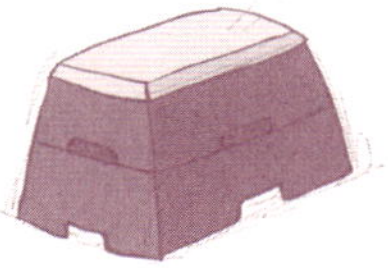

나는 나 자신과 나의 명예를 지키기 위해서라면
그 어떤 명분도 미련 없이 버릴 수 있는 사람이다.
그것이 나의 자존심(自尊心)이고, 그 자존심이 있어
지금껏 나의 자존감(自存感)을 지킬 수 있었다.
그러나 자존심(自尊心)은 자존감(自存感)을 지키기 위해
필요한 것일 뿐이다.
언제나 가장 중요한 것은 자존감(自存感)이다.

자리를 지킬 것인가 VS 명예를 지킬 것인가

자리는 버릴 수 있어도 명예는 버릴 수 없다

내가 인도네시아에서 함께 했던 동료들과의 약속을 10년 동안이나 지키지 못했던 또 하나의 이유는 서울로 돌아온 직후 내 삶이 무척이나 변화무쌍했기 때문이기도 하다. 변명이기도 하고 사실이기도 하다.

우선 나는 귀국 후 2개월 동안 이렇다 할 업무를 맡지 못했다. 인도네시아에서 일 잘하고 있는 사람을 생각해 준답시고 불러들여 놓고는 일을 맡기지 않는 것은 또 무슨 경우인가 싶었다. 하지만 국내에서는 국내 나름대로 잘 짜진 틀 안에서 업무를 하고 있었기 때문에 6개월 만에 돌아온 나를 곧바로 투입할 곳이 없다는 것이었다.

내가 소속된 식품영업본부에서도 알아서 갈 길을 찾으라는 식이었다. 무슨 이런 어처구니 없는 일이 다 있나 싶은 마음에 처음으로 회사에 대해 원망하는 마음을 가져보기도 했다.

그러다가 우연히 미원이 새로운 사업으로 제약사업을 시작한다는 소식을 접하게 되었다. 대상웰라이프의 전신인 제약사업부가 출범한 것이었다. 제약사업부에서는 영업사원을 필요로 했고, 나는 영업할 제품이 필요한 상황이었다. 나는 곧바로 제약사업부로 자리를 옮겼다.

제약사업부 내에서 식품영업의 경험이 있는 사람은 나 하나뿐이었다. 대부분 의약품영업을 하던 경력사원을 채용했기 때문이다. 의약품영업은 식품영업과는 다르다는 것이 그들의 생각이었다. 하지만 나는 의약품이 됐든 식품이 됐든 상대의 마음을 감동 감화시켜 고객이 스스로 내 제품을 구입하도록 한다는 영업의 본질은 변함이 없다는 생각에 아무런 두려움 없이 의약품영업에 뛰어들었다. 결국 사람의 문제지, 시장이나 환경의 문제는 아니라는 자신감이 있었기 때문이다.

당시 제약사업부에서 만들어낸 제품은 일반 의약품과는 조금 성질이 다른 건강기능성제품이 대부분이었기 때문에 의약품영업보다는 식품영업과 비슷한 부분이 많았다. 나는 의약품영업 경력사원들이 가지지 못한 식품영업의 노하우를 접목해 남다른 성과를 냈다. 제약사업부로 자리를 옮긴 나는 그렇게 빠르게 적응해갔다.

1997년은 1월부터 여기저기에서 각종 경제 위기상황을 예고하는 신호탄이 터져 나오더니 외환위기로까지 이어지면서 마침내 IMF 구제금융 신청으로 한 해를 마감했던 해다. 하지만 그 해 나는 제약사업부 내에서 판매실적 1위를 단 한 번도 놓쳐본 적이 없었을 정도로 영업직원으로서 최고의 성공 가도를 달리고 있었다.

국가부도 상황으로까지 갈 뻔한 외환위기 앞에서 미원도 대대적인 감원을 시행하게 되었다. 제약사업부 영업직원 중에서도 나를 포함한 대리급 두 명 중 한 명을 감원해야만 할 상황이었다. 하지만 이렇게 어려운 상황 속에서도 일 년 내내 판매실적 1위를 기록했던 만큼 내가 감원대상이 되리라는 생각은 꿈에도 하지 않았다. 그러나 의외로 퇴직권고를 받은 감원대상자는 바로 나였다.

도무지 이해가 되지 않았다. 나는 부장을 찾아가 내가 감원대상인 이유를 따져 물었다. 부장은 변변찮은 그 이유를 설명하는 자기 자신도 민망하다는 듯 그저 줄 잘못 섰다고 생각하고 나가 달라며 나를 위로했다. 부장의 해명을 듣고 나니 더 이해할 수가 없었다. 회사 생활이 무슨 경품 추첨도 아니고 줄 잘못 섰다고 생각하라니. 도저히 받아들일 수가 없었다.

나는 지난 1년 동안의 내 판매 실적을 산출해 문서를 만들었다. 물론 이런 실적을 올린 김상국이라는 직원이 퇴직을 권고받았다는 사실을 문서에 분명하게 명시했다. 그리고 그 문서 수백 장을 프린트해서 그 다음 날 아침 동대문구 신설동의 미원 본사 앞으로 갔다. 그리고 출근하는 임직원들에게 그 문서를 나눠주었다. 퇴직권고에 항의하는 1인 시위를 벌인 것이다.

자존심(自尊心)은 자존감(自存感)을 지키기 위해 필요한 것이다

얼마 후 12월 31일 자로 인사발령이 났는데 나 말고 다른 대리가 감원대상이 되었고, 나는 본사 영업본부 총괄대리로 발령이 나 있었다. 감원대상자에서 본사 영전으로 인생 대역전이 일어난 것이다.

연말 연초의 짧은 연휴를 보내고 해를 넘긴 1998년 1월 초 나는 본사로 출근을 했다. 점심시간에는 부장을 비롯한 부서원들의 환영회를 겸한 자리가 마련되었고, 저녁에는 영업본부장과 임원을 모시고 저녁 식사를 했다. 감원대상자에서 구사일생으로 살아난 것만으로도 대단한데 총괄대리로 영전까지 한 대단한 녀석이라는 소문에 대대적인 환영회를 준비했던 것 같다.

그러나 나는 그날로 사직서를 제출하고 회사를 떠났다. 7년 3개월 동안 모든 열과 성을 다해 근무했던 회사였지만 아무런 미련이 없었다. 내가 1인 시위까지 해가며 되찾고 싶었던 것은 미원에서의 내 자리가 아니라 나의 명예였기 때문이다.

내가 1998년 1월 초 미원에서 퇴사했다고 하면 사람들은 내가 으레 감원대상이 되어 어쩔 수 없이 퇴직한 줄 안다. 하지만 나는 그때마다 이 사실을 말하며 나는 회사가 나가라고 해서 회사를 그만 둔 것이 아니라 내 스스로 회사를 그만두고 나왔다는 것을 분명하게 설명한다. 나는 나 자신과 나의 명예를 지키기 위해서라면 그 어떤 명분도 미련 없이 버릴 수 있는 사람이다. 그것이 나의 자존심(自尊心)이고, 그 자존심이 있어 지금껏 나의 자존감(自存感)을 지킬 수 있었다. 그러나 자존심(自尊心)은 자존감(自存感)을 지키기 위해 필요한 것일 뿐이다. 언제나 가장 중요한 것은 자존감(自存感)이다.

인도네시아에서 함께 일했던 판촉여사원들과의 재회를 위해 2005년 인도네시아를 찾았을 때, 나는 당시 지사장이었던 분과도 10년 만에 다시 만났다. 그분에게 나는 왜 그때 나를 그렇게 등 떠밀어 서울로 보냈냐고 따지듯 물었다. 물론 그분을 원망하는 마음이 있었던 것은 아니다.

그러자 그분은 '그때 서울에 보내지 않았더라면 지금 비타민하우스라는 회사는 이 세상에 없지 않겠느냐'고 했다. 하지만 사실 비타민하우스가 탄생하게 된 배경에는 이런 남모를 사연이 있었다.

미원 영업사원 김상국에서 드링크 제품 납품업자로

회사를 그만두고 나는 그 길로 광주로 내려갔다. 당시 광주에는 처남이 살고 있었다. 처남은 미원 제약사업부에서 생산하고 있던 환자유동식을 병원 매점 등에 납품하는 건강기능식품 대리점을 운영하고 있었는데, 고질적인 허리디스크 때문에 대리점을 정리해야 할 상황에 처해 있었다. 사실 그 대리점은 내가 제약사업부로 자리를 옮기면서 대리점 모집을 한다는 것을 처남에게 알려주며 권유해서 시작하게 된 것이었다.

이미 밝혔던 것처럼 나와 아내는 달도초등학교 동창생이다. 그러니까 아내의 남동생인 처남은 내 초등학교 후배이기도 한 것이다. 처남은 나를 친형처럼 여기고 따른다. 그래서 나 역시 처남을 처남이라 생각하지 않고 늘 내 친동생처럼 생각했다. 아버지를 일찍 여읜 나를 늘 따뜻하게 감싸주고, '상국이는 이다음에 반드시 훌륭한 장군이 될 것'이라고 용기를 북돋아 주셨던 장인어른 또한 나는 처음부터 아버지라 불렀다.

나는 혼자서는 도저히 대리점 운영을 못 하겠다는 처남을 도와 대리점 영업일을 하면서 잠시 시간을 벌어볼 마음으로 일단 광주로 갔다. 처남은 나를 몹시 반기며 의지했다.

당시 처남이 운영하던 건강기능식품 대리점의 주요 제품은 환자유동식이었는데 종합병원이나 대학병원은 대부분 미원 본사에서 직접 납품을 했다. 따라서 대리점의 경우 주로 침상 300개 미만의 준종합병원 매점이 주요 고객이었다. 매출이라고 해봐야 하루에 100~200만 원 선을 넘지 못하는 경우가 대부분이었다. 그러니 처남도 접을 생각을 하고 있던 차였다.

나는 우선 광주 시내 모든 병원의 매점을 찾아다니며 영업을 하기 시작했다. 그런데 막상 병원 매점에 가보니 환자유동식 이외에도 수많은 제품들이 판매되고 있었다. 병원 매점에 가서 주의 깊게 살펴본 사람이라면 누구나 알겠지만 그 좁은 병원 매점은 정말 없는 게 없는 잡화점이다. 무엇보다 눈에 띄는 것은 드링크 제품이었다. 환자유동식보다는 수요층이 다양한 드링크 제품을 함께 납품하면 매출에도 변화가 생길 것 같았다.

하지만 모든 영업이 그러하듯 기존 납품처를 밀어내고 들어가는 것은 쉬운 일이 아니다. 특히 병원 개원 이래 납품처를 한 번도 바꿔 본 적이 없다는 매점에서는 내가 무슨 말을 하든 다 시큰둥한 반응이었다. 환자유동식이 됐든 드링크 제품이 됐든 이미 납품받고 있는 대리점이 있는데 무슨 소리를 하냐는 식이었다.

나는 일단 한 번에 한 품목만 입점 시키기로 하고 전략을 바꿨다. 유명 브랜드가 아닌 비 메이커 드링크 제품을 들고 가 한 번만 받아 달라고 했다. 비 메이커 드링크의 최대 강점은 원가가 싸기 때문에 매점 입장에서도 마진이 높다는 것이었다. 나는 업주 입장에서 반길 수밖에 없는 높은 마진을 내세워 드링크 제품의 납품을 성공시켰다. 그리고 단일 품목인 대신 가장 좋은 자리, 즉 계산대 바로 옆에 상품을 진열해달라고 졸랐다. 내 성의와 끈기에 감동했던지 하나 둘 납품처를 바꾸는 매점이 생겨났다. 그런데 나중에 알고 보니 병원 매점에 앉아 있는 사람이 모두 업주는 아니었다. 그런데도 나는 그들을 모두 사장님이라 불렀고, 나의 그런 깍듯한 대접이 그들도 싫지는 않았던 모양이다.

하지만 때때로 도무지 마음을 바꾸지 않는 고집불통 매점 업주도 만났다. 하지만 나 역시 그분이 매일 밤 꿈에 나올 정도로 지치지 않고 지속적으로 그 매점을 찾아갔다. 병원 매점을 그렇게 자주 드나들다 보니 매점 업무가 파악될 지경이었다. 이러다가는 내가 병원 매점을 차려도 될 것 같았다.

매점 업무가 파악되고 나니 매점에서 일하고 있는 분들이 매점 운영에 있어 가장 곤란을 겪고 있는 것이 무엇인지도 알게 되었다.

매점에서는 거스름돈으로 건네줄 동전이 항상 부족했다. 그래서 매점에서 일하는 분들은 하루에도 몇 번씩 동전을 바꾸기 위해 근처 은행에 가야 했는데 그 무게가 만만치 않아 힘들어하고 있었다. 매점에서 일하는 분들은 대부분 40~50대 여성이었기 때문에 더욱 그랬다. 나는 영업을 하기 위해 매점에 가기 전에 미리 동전을 잔뜩 바꿔서 들고 갔다. 그리고 그분들에게 은행에 가는 번거로움 없이 동전을 바꿀 수 있도록 해줬다.

또 티슈나 면봉, 이쑤시개 등 납품처가 따로 없는 생활 잡화는 그분들이 일일이 도매시장에서 사다가 진열해 두는 것이라는 것을 알게 된 다음에는 그 일을 대신 해주기도 했다. 물론 대신 매입해서 가져다주는 것이니만큼 얼마간의 마진을 붙일 수도 있었지만 사온 가격 그대로 줬다. 그러니 납품이 아니라 심부름인 셈이었다.

병원 매점은 병원 내 자동판매기 관리를 도맡아 하는 경우가 많았는데 이 자동판매기의 관리 또한 중년 여성들에게는 힘에 부치는 일이었다. 나는 그분들의 어려움을 덜어주기 위해 무거운 물통을 함께 나르기도 하고, 자동판매기 청소를 대신 해주기도 했다. 상대의 마음을 열기 위한 가장 쉬운 방법은 내가 먼저 마음을 열고 다가가는 것이기 때문이다.

결국 매점에서 일하는 분들과 업주들도 나에게 마음을 열기 시작했다. 점점 많은 제품을 납품할 수 있게 되었음은 물론이고 나를 무한히 신뢰했다. 제품을 납품하고 나면 그 숫자를 정확히 센 다음 이를 검수받는 과정이 있는데, 내가 납품을 하면 검수 과정 없이 바로 사인을 해줬다. 때로는 급한 볼일이 있어 잠시 나갔다 와야 한다며 나에게 아예 카운터를 맡기고 가는 사람들도 있었다.

어느 틈엔가 그분들이 나를 납품처 직원으로만 대하지 않는다는 것을 알게 되었다. 나 역시 영업과는 무관한 그분들의 개인사에까지 관심을 기울이면서 관계를 더욱 강화시켜 나갔다. 나에게 자녀들의 진로 문제까지 상의를 해온 분들이 있어 때로는 과외 선생님을 알선해주기도 하고, 때로는 취직자리를 알아봐 주기도 했다. 그 시절 인연을 맺은 분의 자녀 중 한 명은 지금 우리 비타민하우스 직원이기도 하다.

나는 한 번 맺은 인연은 무조건 끝까지 간다는 신념을 가지고 있다. 사람이, 사람의 마음이 이 세상 그 무엇보다 큰 자산임을 익히 알고 있기 때문이다.

하루 매출 100~200만 원을 넘기기 힘들었던 대리점에서 나 혼자 월 매출 4천만 원을 달성하기까지는 딱 3개월의 시간이 흘렀다. 불과 3개월 전까지 나는 월수입 150만 원의 월급쟁이였다. 하지만 혼자 힘으로 월 매출 4천만 원이라니, 마진율을 20%만 잡아도 월수입이 800만 원에 달하는 것이었다.

사실 미원에서 영업할 때까지만 해도 나는 미원이라는 대기업의 브랜드 파워를 등에 업고 영업을 하는 것이었기 때문에 모든 결과가 순전히 나 혼자만의 역량이었다고 판단할 수는 없다고 생각했다. 하지만 이름도 제조사도 생소한 비 메이커 드링크 제품을 혼자 영업해서 그만한 성과를 거뒀다면 이제 이것은 나만의 역량이라고 믿어도 된다는 생각을 하게 되었다. 말하자면 나 자신에 대한 검증이 이루어진 것이었다.

이로써 나는 내 인생이 다시 한 번 바뀔 수도 있겠다는 생각을 하게 되었다.

월 매출 4천만 원은 얼마 지나지 않아 월 매출 2억으로 늘어났다. 그때는 나 혼자만의 힘으로는 그 많은 일을 다 해낼 수가 없어 영업사원을 따로 채용해야 할 상황이었다. 그때 채용한 영업사원 다섯 명 중 두 명은 현재 우리 비타민하우스의 본부장으로 생산과 관리를 총괄하고 있다.

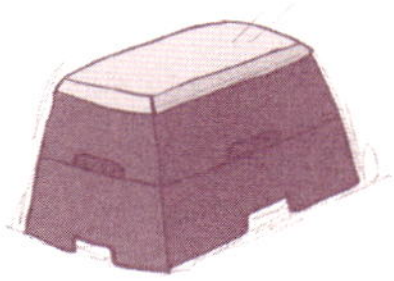

겨우 다섯 명이었던 직원이 50명으로 늘어나더니

부지불식간에 100명이 넘었다.

그때부터 비타민하우스는 더 이상 장사가 아니라

사업이라는 생각이 들기 시작했다.

장사는 나 혼자 잘 먹고 잘 살기 위해 하는 것이지만

사업은 나 혼자만 먹고살자고 하는 일이 아니라는 생각이었다.

돈을 벌기 위해서라면 사업을 할 것이 아니라

장사를 해야 한다고 지금도 나는 생각한다.

장사를 할 것인가
VS 사업을 할 것인가

세 번의 기회는 반드시 온다

미원 제약사업부에 다니던 시절 나는 건강기능식품에 대한 공부를 많이 하게 되었다. 제품에 대해 제대로 알고 있지 않으면 제품영업을 할 수 없었기 때문이다.

의약품은 아니지만 그렇다고 식품도 아닌, 일반 의약품과 식품의 중간쯤이라고 할 수 있는 건강기능식품 시장은 당시에만 해도 그리 크지 않았다. 특히 지금은 가장 일반적인 건강기능식품으로 여겨지는 비타민을 당시에는 일반 의약품으로 분류하고 있었기 때문에 제약회사만 이를 만들거나 수입해서 유통, 판매할 수 있었다. 자연히 건강기능식품에서 비타민은 제외되었다.

하지만 나는 제약사업부에 근무할 때부터 조만간 식품 비타민이 허가되어 비타민 또한 건강기능식품시장에 합류하게 될 것이라는 사실을 알고 있었다.

직원이 다섯 명이나 더 늘어난 상황에서 언제까지 드링크만 팔아서 먹고 살 수는 없는 노릇이었다. 나는 곧 식품으로 허가가 날 비타민까지 포함한 건강기능식품으로 취급 제품을 확대할 계획을 세웠다. 캐나다의 건강기능식품 제조사와 업무 제휴를 맺고 건강기능식품 수입을 추진하고 있었다. 그 사업이 본격화되면 환자유동식이나 드링크 제품은 더 이상 취급하지 않을 생각이었다. 하지만 그때까지는 제품 생산까지 할 계획은 전혀 없었다.

환자유동식과 비 메이커 드링크 제품만 팔던 작은 대리점에서 건강기능식품 유통판매사로 사업을 확장하고 나니 때론 미래에 대한 흥분과 기대로, 때론 불안과 초조로 잠 못 이루는 날이 많았다. 그런 날이면 나는 처남과 서너 평 남짓 되는 창고와 다름없이 허름한 사무실에서 날이 훤하게 새도록 이야기를 나누며 불확실한 미래에 대한 청사진을 그려나갔다. 불안한 마음을 떨쳐버리기 위해 우리는 수도 없이 할 수 있다는 자신감으로 스스로를 독려해야 했다. 그리고 그때마다 나는 어떤 이유에서인지 '우리에게 반드시 세 번의 기회는 올 것'이라는 확신을 했다. 솔직히 말해 이렇게 열심히 하는데 신이 있다면 우리를 버리지는 않을 것이라는 믿음에 바람이 더해져 나온 말이었을 뿐 그렇게까지 확신할만한 근거는 없었다.

그러나 그 세 번의 기회 중 첫 번째 기회가 어느 날 갑자기 생각지도 않았던 곳에서 나타났고, 바로 그 바람에 비타민하우스가 탄생하게 되었다.

첫 번째 기회, 의약분업이 약국 내 숍인숍, 비타민하우스를 만들다

첫 번째 기회는 2000년 시행된 의약분업이었다. 의약분업은 무분별한 약의 오남용을 막기 위한 제도로서 질병의 진단 및 치료는 의사가, 의약품의 조제는 약사가 그 역할을 나누어 분담하기로 한 것이다. 의약분업은 2000년 7월 한 달 동안 계도 기간을 거친 후 8월부터 전격 시행될 예정이었다.

그즈음 우리는 광주 시내 병원 매점뿐만이 아니라 약국까지 문턱이 닳도록 드나들며 영업을 하고 있었다. 하지만 처음에는 의료업계의 중대 사건인 의약분업이 우리 영업에까지 영향을 미치게 될 것이라는 생각은 전혀 하지 못했다. 그런데 의약분업이 시작된 7월이 되자 약국에 가도 도통 약사 얼굴을 볼 수가 없는 예기치 못한 상황이 전개되었다. 약사는 온종일 병원에서 처방한 약을 조제하느라 조제실밖으로 나올 수가 없었기 때문이다. 약사가 약국 매장에 있어야 손님들에게 우리가 납품하는 제품을 권하기도 하고 팔기도 할 텐데 하루 종일 구석진 조제실에 틀어박혀 조제만 하고 있으니 이만저만 큰일이 아니었다. 이대로 가다가는 어렵게 다시 일으켜 놓은 대리점도 다시 문을 닫을 형편이었다.

우리 제품을 판매하는 것은 둘째 치고라도 약사들은 화장실 갈 시간도, 점심식사 할 시간도 없다며 볼멘소리를 해댔다. 실제로 그즈음 내가 만난 광주 시내 약국의 약사들은 모두 입술이 다 부르틀 지경으로 피곤에 젖어 이젠 돈이고 뭐고 다 필요 없다는 말까지 했다. 실제로 의약분업 이후 하루 평균 약국을 찾는 손님이 5배 가까이 늘었다는 통계다.

바로 그 순간 내 머리를 스치고 지나가는 생각이 있었다.

조제를 하느라 바쁜 약사를 대신해 약국에 판촉여사원을 파견해서 우리 제품을 판매하고 관리하도록 하면 어떨까 하는 것이었다. 미원에서 식품영업을 하던 시절 슈퍼마켓이나 식품매장에 판촉여사원을 파견해 판매를 지원했던 것과 마찬가지로 말이다.

처음에는 주부사원을 채용해 교육한 다음 투입할까 생각하다가 이내 영양사라는 전문 직종으로 생각을 전환하게 되었다. 영양사는 식품에 대한 공부를 가장 많이 한 집단이고, 건강기능식품 역시 식품이기 때문에 이를 판매하는 데에는 영양사만큼 적합한 직종이 없다는 생각을 하게 된 것이다. 아울러 곧 식품 비타민 허가를 받고 나면 비타민 판매도 해야 하기 때문에 비타민은 식품영양학적으로 접근해줄 영양사가 파견사원으로는 안성맞춤이었다.

의약분업이 시작된 지 불과 2주일 만에 생각해낸 사업 아이템, 약국 내 숍인숍(Shop in Shop)의 운영이었다. 나는 다음 날로 광주 시내 각 대학 식품영양학과 학과장에게 공문을 발송했다. 광주 시내 약국에서 건강기능식품의 효능과 복용법을 설명하고, 판매를 전담할 상담영양사 업무에 적합한 졸업생을 추천해달라고 한 것이었다.

그 후 2주일 동안 총 50명의 추천서를 받았다. 그리고 그중 15명을 선발, 8월 1일부터 2주에 걸친 교육을 실시하기로 했다. 그러나 교육 둘째 날부터 교육생이 하나 둘 줄기 시작하더니 2주일 동안의 교육이 끝난 다음에는 15명 중 9명만이 남아 교육과정을 수료하게 되었다. 그 9명이 지금은 200여 명으로 늘어난 비타민하우스 상담영양사의 시작이다.

약국 내 숍인숍 운영의 골자는 가격대별 제품 패키지와 더불어 상담영양사를 약국에 입점시킨 다음 그 제품을 판매해 얻은 총 마진에서 상담영양사의 급여를 지급한다는 것이었다. 그러니 영양사들 입장에서는 혹시 다단계 판매 조직이 아닌가 하는 의심이 들었을 것도 같다.

다행스럽게도 상담영양사 교육이 끝나기도 전에 우리는 1호점 계약을 성사시켰다. 약국 내 숍인숍, 비타민하우스 1호점이었다. 2000년 8월 16일, 상담영양사 2명을 투입한 비타민하우스 1호점의 영업이 시작되었다. 그때까지만 해도 우리의 계획은 광주를 비롯한 호남 지역에서만 약국 내 숍인숍을 운영하는 것이었다.

약국 내 숍인숍 비타민하우스에서 온종일 조제하느라 바쁜 약사를 대신해 약국을 찾은 손님을 맞는 역할까지 하게 된 상담영양사들은 일단 밝은 표정, 힘찬 목소리로 손님들에게 인사부터 했다. 그때까지 대부분의 약국들은 손님이 들어와도 눈인사 정도만 겨우 하는 경우가 대부분이었다. 그래서 비타민하우스가 입점한 약국은 문을 여는 순간부터 다른 약국과는 다른 차별화된 분위기라는 인식을 심어주고 싶었다.

돈으로 할 수 없는 일은 사람으로 한다 - 선결제 시스템

상담영양사 투입 한 달 만에 비타민하우스 1호점의 월 매출은 1,500만 원에 달했다. 기대 이상의 성과였다.

1호점의 일별 매출 현황표를 들고 다니며 영업을 하니 약사들이 모두 솔깃해하는 것이 눈에 보였다. 게다가 상권 보호 차원에서 모든 약국에 비타민하우스를 입점하지는 않을 것이라는 이야기를 하면 약사들의 마음은 이미 반 이상 넘어왔다. 놀라운 매출로 그 성과를 이미 입증한 다음에는 조심스럽게 선결제에 관한 이야기를 꺼냈다.

일반 의약품의 경우 후결제가 관행인 상황에서 제품을 팔기도 전에 결제부터 해달라고 나오는 우리에게 약사들이 고운 시선을 보낼 리가 없었다. 무슨 말도 안 되는 소리를 하냐고 버럭 소리부터 지르고 나오는 약사들도 있었지만 비타민하우스 1호점이 입점한 약국의 약사처럼 처음부터 별 불평 없이 선결제를 해주겠다는 약사들도 더러 있었다. 때론 선결제라는 것이 탐탁지 않기는 하지만 지금 거절하면 길 건너 약국이 비타민하우스 가맹점이 될까 봐 계약을 하겠다고 하는 약사들도 있었다. '사촌이 땅을 사면 배가 아프다'는 속담이 괜히 나온 것이 아니었다.

사람들은 도대체 무슨 자신감으로 당시 업계의 오랜 관행을 무시한 선결제 시스템을 도입했냐고 묻는다. 하지만 사실 그것은 자신감이 아니었다. 부족한 자금을 빨리 회전하기 위해 궁여지책으로 생각한 것이 뜻밖의 호응을 얻은 것이다.

그런 반응에 힘입어 더 열심히 영업을 해서 비타민하우스 가맹점을 늘려나갔다. 그리고 비타민하우스 1호점 운영을 시작한 지 두 달 만에 이제는 서울로 가자는 결단을 내리게 되었다.

사실 광주를 비롯한 호남지역에서만 비타민하우스를 운영하려고 했던 가장 큰 이유도 자금 부족때문이었다. 그리고 그때까지만 해도 내가 하는 일은 사업이 아닌 장사라고 생각했기 때문에 무리하게 자금을 투입해서 서울까지 진출할 필요가 없다는 생각도 있었다.

하지만 부족한 자금을 선결제로 해결하고 나면 서울에 못 갈 것도 없다는 생각을 하게 된 것이다. 돈으로 할 수 없는 일을 사람으로, 비타민하우스를 믿어주는 가맹주들의 힘으로 해보자는 계획이었다.

나는 서울 가락동에 사무실 겸 숙소로 오피스텔을 얻고, 직원 한 명과 함께 무작정 서울로 갔다. 사무실 한쪽에 2층 침대를 놓아두고 숙식을 하며 비타민하우스 가맹점을 늘리기 위한 영업을 했다.

영업 방식은 광주에서 처음 병원 매점을 돌아다니고, 약국을 돌아다닐 때처럼 서울 시내 약국을 가가호호 방문하는 형태였다. 광주와 서울에서 가맹점이 어느 정도 늘어난 다음에는 전국을 돌며 사업설명회를 개최하기도 했지만 처음에는 그렇게 정면돌파하는 방법을 썼다. 인맥을 동원하거나 접대 향응을 하는 일도 절대 없었다. 오로지 참신한 사업 아이템과 눈으로 확인되는 매출 증대 효과를 가지고 약사들의 마음에 호소한 것이었다.

그렇게 해서 1년 사이 비타민하우스 가맹점은 100여 개가 되었다. 그리고 그 무렵 식품 비타민 허가가 나면서 마침내 우리도 비타민을 수입해 판매할 수 있게 되었다. 이제 우리는 상담영양사의 영양 컨설팅을 통해 고객의 성별, 연령대별 맞춤형 비타민을 판매하는 약국의 새로운 수익 모델이 되었다.

사람의 힘으로 크는 기업, 비타민하우스

약국 내 숍인숍 비타민하우스는 제품과 그 제품에 대한 풍부한 지식을 가진 상담영양사를 한꺼번에 입점시켜 판매를 촉진시킨다는 일종의 컨설팅 콘셉트다. 따라서 비타민하우스는 제품만 파는 것이 아니라 컨설팅까지도 파는 회사다. 그리고 그 컨설팅은 약국의 새로운 수익 창출이라는 점에서 약사를 위한 것이기도 하지만 고객의 건강증진이라는 점에서 고객을 위한 것이기도 하다.

의약분업 이후 약국의 새로운 수익 모델로 떠오른 비타민하우스는 연일 의약 업계 관련 신문과 잡지에 대서특필되었고, 심지어 어느 대학 경영학과 교수는 비타민하우스를 아주 특별한 마케팅 사례로 분석까지 했다고 한다.

나는 세상이 비타민하우스와 비타민하우스의 콘셉트에 지나치게 관심을 갖는 것이 그리 달갑지만은 않았다. 왜냐하면 비타민하우스의 콘셉트는 그리 특별한 것이 아니었기 때문이다. 누구나 생각할 수 있는 것이었고, 누구나 할 수 있었지만 아무도 생각하지 않고 아무도 하지 않았는데 내가 제일 먼저 시작했을 뿐이다. 그러니 이제라도 누구든 따라 하면 할 수도 있는 일이라는 생각에 사람들이 알아차리기 전에, 특히 대기업이 이를 넘보기 전에 조용히, 비타민하우스의 영역을 넓혀나가겠다는 생각을 가지고 있었던 것이다.

아니나 다를까 얼마 지나지 않아 카피 사업자가 등장했다. 비즈니스 모델은 특허권이 인정되지 않기 때문에 이를 저지할 수 있는 방법이 없다. 카피 사업자는 비타민하우스의 방식을 그대로 도용한 가맹점을 모집했고, 우리가 교육하고 투입한 경력직 상담영양사들을 빼내가기도 했다. 이러다가 카피 사업자에게 우리 비타민하우스가 밀리는 것은 아닐까 우려하는 목소리가 들려왔다. 하지만 나는 비타민하우스의 콘셉트와 운영 방식을 카피할 수는 있어도 비타민하우스의 정신과 문화는 그 누구도 카피할 수 없을 것이라는 자신감이 있었다.

내 예상대로 카피 사업자는 6개월을 넘기지 못하고 망했다. 우리는 건강기능식품과 상담영양사 제도라는 컨설팅 콘셉트를 판매하는 회사이지만 그 근원에는 사람이 있다는 사실을 카피 사업자는 미처 몰랐던 것이다.

나는 지금까지 비타민하우스는 사람의 힘으로 성장해왔다고 생각한다. 물론 앞으로도 사람의 힘으로 더욱 성장해나가는 기업이 될 것이다. 그 힘은 비타민하우스 임직원과 상담영양사, 비타민하우스 가맹점주, 그리고 그들의 가족까지, 우리 비타민하우스 모든 가족으로부터 나오는 힘이며, 그것이 우리 비타민하우스의 가장 큰 자산이다.

광주를 비롯한 호남지역에서만 가맹점을 늘여가겠다는 생각으로 출발했지만 두 달 만에 서울로 진출하자고 계획이 바뀌었고, 1년 만에 전국 2만 개 약국 중 10%인 2천 개 가맹점 달성이라는 목표가 생겼다. 당시에는 직접 제품을 생산하겠다는 생각은 꿈에도 하지 않았지만 지금은 우리가 직접 개발하고 만든 제품을 유통하고 판매하는 회사로서 생산라인과 유통 판매라인을 모두 갖춘 경쟁력 있는 종합건강기능식품 회사로 성장, 전국 병원과 약국에 4,500개 가맹점을 가진 기업, 비타민하우스가 되었다.

이 모든 일이 지난 10년 사이 벌어진 일이다.

오로지 인도네시아라는 제2의 꿈을 위해 입사해 혼신의 힘을 다해 열정적으로 일했던 회사를 그만두고, 가장으로서 가족의 생계를 책임지기 위해 깊이 고민하거나 방황할 시간도 없이 뛰어들었던 건강기능식품 대리점은 분명 장사였다. 하지만 겨우 다섯 명이었던 직원이 50명으로 늘어나더니 부지불식간에 100명이 넘었다. 그 때부터 비타민하우스는 더 이상 장사가 아니라 사업이라는 생각이 들기 시작했다. 장사는 나 혼자 잘 먹고 잘 살기 위해 하는 것이지만 사업은 나 혼자만 먹고살자고 하는 일이 아니라는 생각이었다. 이제 비타민하우스는 직원은 물론, 상담영양사, 약국 가맹주를 비롯해 그 가족들까지, 모든 조직원들을 생각하고 책임져야 하기 때문이다.

돈을 벌기 위해서라면 사업을 할 것이 아니라 장사를 해야 한다고 지금도 나는 생각한다. 장사만 한다면 나는 얼마든 돈을 벌 자신이 있다. 하지만 이제 나의 목표는 비타민하우스라는 조직을 지키고 성장시켜 나감으로써 이 사회와 세상에 더욱 긍정적인 영향을 미치는 것이지 돈을 버는 것이 아니다.

하지만 나는 비타민하우스가 어떤 위기에 처한다면 언제든 다시 장사를 시작할 마음이 있다. 장사로 돈을 번 다음 다시 비타민하우스를 일으켜 세울 것이다. 사업은 어떤 일이 있어도 자기 조직원을 끝까지 책임지는 것이다. 나와 함께 장사를 해 비타민하우스를 재건하는 일에 동참하겠다는 직원들도 있어 나는 아무리 큰 위기가 닥쳐온다 할지라도 조금도 두렵지 않다.

몰입하면
모든 일이 즐겁다

몰입보다 더 큰 가능성은 없다

나는 특별히 머리가 좋은 사람이 아니다. 지금까지 한 이야기만으로 알 수 있듯이 나는 타고난 머리보다는 끈기와 노력으로 많은 것을 이루어왔다. 사실 요령을 피울 줄도 모른다.

하지만 단 한 가지 자신 있는 것이 있다. 그것은 몰입이다. 일단 어느 한 가지에 몰입하면 다른 것은 아무것도 보이지 않는다. 내 아내는 때때로 그건 몰입이 아니라 천지분간을 못 하는 것이라고 타박을 주기도 하지만 나는 그 몰입의 힘으로 지금까지 모든 것을 이루어왔다고 자부한다.

몰입하면 아무리 힘든 일도 힘들게 느껴지지 않는다. 모든 일을 즐기며 할 수 있도록 만든다. 힘들지 않으니까, 오히려 즐거우니까 지치지 않고 계속할 수 있고, 그렇게 하다 보니 잘할 수 있게 되는 것이다.

몰입의 또 다른 장점은 모든 일에 대해 오너십을 가질 수 있도록 한다는 것이다. 지금이야 내가 오너이니까 오너십을 가지고 일하는 것이 당연하지만, 미원에 다닐 때도 나는 내가 하고 있는 일에 대해서만큼은 지금과 크게 다르지 않은 오너십을 가지고 있었다.

어떻게 하면 대한민국 모든 가정에서 미원 제품을 하나 이상 사용하도록 할 수 있을까 하는 생각에만 몰입해 언제 어디서나 미원의 제품을 홍보했다. 그러니 영업 현장에서는 일단 마이크를 잡으면 4시간이고 5시간이고 쉬지 않고 미원의 제품을 홍보할 수 있었던 것은 당연하다. 내가 그렇게 제품 홍보를 하고 있을 때는 눈빛부터가 다르다고 사람들은 말했다. 아마도 내 눈에서 광기 비슷한 것을 엿보았던 모양이다. 실제로 그 시절 나는 내가 하고 있는 일에 거의 미쳐 있었다.

그래서 힘든 줄도 몰랐다. 하루하루가 즐거웠고, 하루하루 실적이 늘어나는 것이 내 스스로도 대견했다. 누군가가 그렇게 몰입해서 일을 하면 그 긍정의 여파는 반드시 퍼져 나가게 되어 있다. 경쟁사에 밀리지 않으려고 화장실도 안 가고 판촉 멘트를 하고 있는 나를 본 판촉여사원들도 어느 사이엔가 나처럼 하고 있었다. 말투나 표정, 손짓, 동작은 물론 때로는 멘트 내용까지 그대로 복사판인 경우도 있었다. 처음에는 그저 내 흉내를 내는 것에 그쳤던 판촉여사원들도 점점 눈빛이 달라지는 것을 발견할 수 있었다. 나를 닮아가는 사이 나의 몰입도 닮게 된 것이었다.

비타민하우스 가맹점 모집 영업을 하러 다닐 때는 더 했다. 새로운 수익 모델이고 뭐고 아무런 관심도 없는 약사들에게는 몇 시간씩 침이 튀도록 브리핑을 해도 그들의 반응은 시큰둥하기 일쑤였다. 하지만 하나 둘 가맹점이 늘어가고 그 가맹점마다 일별, 월별 매출 현황이 달라지는 것을 보면 일부 무관심한 약사들의 반응은 아무런 문제가 되지 않았다. 처음 반응이 냉정했던 약사들이 차츰 호의를 가지고 관심을 보여주면 더욱 신이 났다.

그때도 나의 일거수일투족을 그대로 따라 하면서 복사판으로 영업을 하던 직원이 있었다. 그 직원은 내가 약사들을 만나 브리핑할 때 하는 말과 행동을 마치 연극 대본처럼 상세하게 적어 그대로 외워서 따라 했던 것이다. 우연히 직원이 적어놓은 대본을 본 적이 있는데, 정말 연극 대본처럼 어느 대목에서 매출현황표를 꺼낸다, 가맹점 리스트를 보여준다는 식의 지문까지 상세하게 적혀 있었다.

지금처럼 휴대폰으로 쉽게 녹취를 할 수 있던 시절도 아니니 따라다니는 동안 내내 메모하고, 확인해서 수도 없이 고쳐 만들어낸 대본이었을 것이다. 그 대본을 어찌나 열심히 외웠던지 어떨 때는 내가 봐도 내가 말하고 있는 것처럼 내 흉내를 그대로 냈다. 그런데 문제는 약사가 예기치 못한 질문을 할 때의 반응이었다. 그러면 이 융통성 없는 친구는 약사의 질문에 어떻게든 대답을 하는 것이 아니라 잠시 머뭇대다가 그냥 다음 대사와 지문으로 넘어가 버렸다. 대본에 충실해 자기 할 말만을 하는 것이었다.

어떻게 보면 영업사원으로서는 영 형편없는 모습이다. 하지만 그 직원의 모습에 마음이 움직여 가맹점 계약을 한 약사도 있었다. 궁금하게 여기는 것에 대해서는 제대로 답도 하지 않았지만 자신이 준비한 모든 것을 그렇게 열심히 쏟아내는 열정에 믿음이 갔다, 100% 몰입해서 말하는 그 눈빛에 진정성이 담겨 있어 뭔가 돼도 될 것 같다는 강한 느낌을 받았다는 것이 그때 그 약사가 계약을 마친 다음 우리에게 한 말이었다.

내가 가진 재능과 끼를 200% 발휘하고 살아야 본전은 한다

어떤 일이든 오너십을 가지고 비전을 품고 몰입하는 사람은 반드시 그 일로 성공을 하게 되어 있다. 나는 지금까지 어떤 일을 하든 오너십을 가지고, 또 스스로 비전을 만들어 가슴에 품고 미친 듯 몰입해 여기까지 왔다. 경쟁사에 비해 미원 제품의 판매가 조금이라도 밀리는 것 같으면 판촉여사원의 마이크를 빼앗아 들고 화장실도 안 가고 제품 홍보와 판촉을 했고, 100개의 비타민하우스 가맹점을 목표로 영업을 할 때 나는 계획했던 계약이 성사되지 않으면 밥도 안 먹을 정도였다. 어떻게 해서든 내가 세운 목표를 달성해야만 직성이 풀렸기 때문에 화장실 갈 시간도 밥 먹을 시간도 아까웠다.

대학시절 호구지책으로 아르바이트하던 때를 제외하고, 사회에 첫 발을 내디딘 스물여덟 살부터 나는 모든 일에 미친 듯 몰입했고, 그만큼 그 일이 즐거웠다.

하지만 지금 우리 비타민하우스 직원들 중에 그 시절 나와 비슷한 또래인 직원들을 보면 나와는 많이 다르다는 것을 느낀다. 하기야 아직 제 꿈이 무엇인지에 대한 확신을 갖지 못하는 큰딸과 아들 녀석도 그 시절 나와는 천지 차이이다.

그렇다고 해서 그들을 탓할 마음은 없다. 자신의 꿈이 무엇인지 생각하는 것보다는 학업 성적을 올리는 것이 더 중요하다며 그들을 그렇게 키운 부모 세대의 책임도 있고, 오너십이니 비전이니 하는 것을 가져도 되게끔 무한한 가능성을 열어주고 잠재력을 인정해주지 않은 우리 사회의 책임도 얼마간 있다고 생각하기 때문이다.

그래서 나는 적어도 우리 비타민하우스 직원들은 자신의 일에 대해 오너십을 가지고 몰입할 수 있도록 비전을 만들어주기 위해 노력한다.

비타민하우스 직원은 누구나 비타민하우스 대표라는 명함을 갖는다. 명함은 외부에서 사용하는 것인데, 외부에 나가면 직원 누구든 비타민하우스를 대표하게 되기 때문이다. 그리고 누구든 회사 안에서 자신만의 영역을 만들고 자기만의 회사를 만들어 나가기를 바란다. 비타민하우스의 일을 통해 자기만의 회사를 만드는 직원이 100명쯤 생긴다면 비타민하우스는 100개의 계열사를 가진 대기업으로 성장할 것이라고 믿기 때문이다.

사실 비타민하우스는 영양사들에게 상담영양사라는 새로운 직업군과 새로운 비전을 제시한 최초의 기업이기도 하다. 이제는 거의 모든 건강기능식품 관련 기업에서 상담영양사를 두고 판매를 지원하고 있으니 새로운 직업군을 창출한 셈이기도 하지만 무엇보다 영양사들에게 있어 매력적인 비전은 자신만의 숍을 가질 수 있다는 점일 것이다. 영양사는 의사, 약사처럼 국가고시를 통해 보건복지부에서 발행하는 면허를 취득한다. 하지만 면허 취득 후 병원이나 약국을 개업할 수 있는 의사, 약사와 달리 영양사는 달리 개업할 것이 없다. 그런데 비타민하우스로 인해 영양사들도 자신만의 숍을 개업할 수 있는 기회가 생긴 것이다.

가까운 미래에 우리나라 건강기능식품 시장 상황이 선진국 수준으로 발전하면 건강기능식품만을 취급하는 로드숍도 생겨날 것이고, 그러면 지금처럼 숍인숍 형태로 약국 내에 입점하는 형태가 아닌 단독 숍 형태로 자기만의 숍을 가질 수 있게 된다는 비전이다. 나는 비타민하우스 상담영양사들에게 그런 날이 올 때를 대비해 의사가 병원을 여는 것은 개원이라고 하고, 약사가 약국을 여는 것은 개국이라고 하는데 영양사가 비타민하우스 전문 숍을 여는 것은 뭐라고 해야 할지 미리 생각해두라고 말한다.

지금은 농담처럼 들릴지 모르지만 나는 이것이 실현될 날이 그리 멀지 않음을 확신한다.

사람은 자신이 가진 재능과 끼를 200% 발휘해야만 비로소 성공에 조금이라도 다가갈 수 있게 된다. 그래야 본전이라는 말이다. 그리고 자신이 가진 모든 것을 200% 발휘하기 위해서는 몰입 이상의 처방이 없다는 것이 내 생각이다.

인생의 두 번째 원칙 ▼ 2

끊임없이 노력하라

자신의 상황을 직시하고 나면 할 수 있는 일은 노력뿐

"나는 똑똑한 것이 아니라 단지 같은 문제를 더 오래 연구할 뿐이다."

상대성 이론을 밝힌 천재 물리학자 아인슈타인이 한 말이라고 한다.

지난 20세기 동안 가장 천재적인 인물이자 인류 발전에 가장 큰 영향을 미친 인물로 평가되는 아인슈타인이 똑똑하지 않다면 그럼 도대체 누가 똑똑하단 말인가! 이렇게 발끈할 사람들을 위해 한 가지 흥미로운 이야기를 하고자 한다.

1879년에 태어나 1955년 사망한 아인슈타인은 '나를 위해 묘와 기념비를 만들지 마라'는 유언을 남겼다. 그래서 그의 가족들은 아인슈타인의 유언대로 그를 화장한 후 조용히 재를 뿌려 장례절차를 마쳤다. 그러나 아인슈타인을 검시한 어느 의학박사가 아인슈타인의 뇌를 해부하여 240개의 조각으로 자른 다음 소중히 보관해왔다고 한다. 그 덕에 천재적 두뇌의 신비를 풀고 싶어 하는 수많은 학자들이 아인슈타인의 뇌를 연구할 수 있게 되었고, 1980년대부터는 여러 가지 연구 결과가 발표되었다.

그렇다면 지난 2천 년간 가장 똑똑했던 아인슈타인의 두뇌는 어떤 특징을 가지고 있을까? 아인슈타인의 두뇌 조각에서 일반인의 그것과는 다른 여러 가지 특징이 발견되기는 했지만 그 모든 것은 후천적 변화였다고 한다. 결론적으로 말해 아인슈타인의 뇌에서는 일생 동안 신경세포를 활발히 사용한 흔적과 그로 인한 변화가 관찰되었다는 것이다.

그렇다면 아인슈타인의 천재성도 결국 타고난 것이 아니라 후천적 노력의 산물인 것일까?

하지만 여기에서 정작 중요한 것은 아인슈타인이 과연 천재성을 타고났을까, 그렇지 않을까 하는 문제가 아니다. 우리는 아인슈타인과 같은 천재도 일생에 걸쳐 끊임없이 노력하고 연구했다는 사실을 기억해야 한다. 그러니 하물며 아인슈타인도 아닌 우리 범인(凡人)들은 더 끈질긴 노력을 해야 하지 않겠는가 말이다.

끊임없이 노력하고, 또 노력하라.

자신이 처한 상황을 직시하고, 나 자신을 인정한 다음 내가 해야 할 일은 노력밖에 없다. 그래서 내 인생의 두 번째 원칙은 끊임없이 노력하라는 것이다.

확실한 꿈과 목표를 가지고 끊임없이 노력하면 언젠가는 반드시 이루어질 것이라는 생각으로 늘 기도하는 마음으로 살아온 나지만 때때로 이것이 정말 한계인가 싶어 낙심했던 기억이 있다. 고등학교에 진학한 다음 생각처럼 성적이 오르지 않을 때 그랬고, 미원을 거쳐 비타민하우스를 운영하며 영업 현장에서 만난 고객이 마음의 문을 꼭꼭 걸어 잠근 채 좀처럼 그 문을 열려고 하지 않을 때도 그랬던 기억이 있다.

어쩌면 아무리 노력해도 안 되는 것도 있는 것은 아닐까?

이것이 최선이 아니라면 차선을 생각해야 하는 것은 아닐까?

여러 가지 복잡한 마음에 차선책을 찾기도 하고, 우회할 생각을 해보기도 했다. 하지만 마지막까지 놓을 수 없었던 끈은 어떻게든 비슷한 상황까지는 만들겠다는 의지였다. 그래서 나는 스스로 '의지의 한국인'임에 은근한 자부심까지 느끼고 있었다.

할 수 있는 한 하는 노력은 누구나 한다

그런데 얼마 전 그런 나를 처음으로 부끄럽게 한 신문기사가 있었다.

'로봇 다리로 71m 암벽 등반, '600만 불 사나이' 불가능한 일이 아니다'라는 제목의 신문기사였다. MIT대학 미디어랩에서 생체공학을 연구한다는 휴 허라는 교수의 이야기였는데, 그는 10대 시절에 산을 타다가 조난을 당해 두 다리를 절단한 장애인이었다. 두 다리 대신 의족을 달았지만 그 상태로는 산에 오르기는커녕 평지에서 움직이는 것도 쉽지 않다는 사실을 깨닫고 그는 스스로 디자인한 의족을 만들어 달고 다시 산에 오른 놀라운 의지의 소유자이다. 그러나 그의 도전은 여기에서 멈추지 않았다. 그는 첨단의족을 만드는 과학자가 되기로 결심하고 물리학과 기계공학, 생체물리학을 공부했다. 그리고 그는 현재 자신이 만든 첨단의족으로 71m 암벽 등반까지 성공했다. 그는 신체적 한계를 첨단과학기술로써 극복한 의지의 인간인 동시에 첨단과학기술의 발전을 이끈 주체이기도 한 것이다.

그 인터뷰에서 그는 '모든 신체는 나이가 들면 약해지지만 내 다리는 과학기술의 발전과 함께 나날이 젊어진다'는 말을 했다. '600만 불의 사나이'라는 단어가 눈에 띄어 무심코 끝까지 읽게 된 신문기사였는데 나는 그 대목에서 울컥하고 목이 메어오는 것을 느꼈다.

지금까지 나는 긍정적인 생각과 끊임없는 노력에 관한한 이 세상 그 누구에게도 지지 않을 것이라는 자신이 있었다. 그러나 휴 허 교수의 기사를 읽고 그동안의 내 생각이 자만이 아니었나 하는 반성과 더불어 깊은 감동을 받았다.

10대 청소년 시절 두 다리를 절단하고 의족을 달고 다시 걸음마 연습을 하며 그는 얼마나 많이 넘어지고 얼마나 많이 다시 일어났을까? 그 과정을 거치며 얼마나 많이 살갗이 벗겨지고 피를 흘렸을까? 가까스로 걸음을 걷게 되고 난 다음에는 그토록 좋아하는 산에 오르는 것이 불가능하다는 것을 깨닫고 과연 무슨 생각을 했을까?

신문기사에는 그저 불편했다, 어려웠다는 단어로밖에 표현되지 않았지만 아직 어린 그가 느꼈을 좌절감은 얼마나 컸을까? 그리고 그는 어떻게 그 모든 절망으로부터 벗어날 수 있었었을까?

나는 그의 생각과 마음을 조금이라도 더 엿보고자 신문기사를 두 번 세 번 꼼꼼하게 다시 읽으며 자칫 놓칠 수 있는 행간의 의미까지도 생각하고 또 생각했다.

노력을 했는데도 안 된다면?

끊임없이 노력하기 위해서 우선적으로 버려야 할 것은 '노력을 했는데도 안 된다면'이라는 부정적인 생각이다. 하면 된다. 노력하면 뭐든 이루어진다고 생각하고 끊임없이 노력해도 모자랄 상황에, 안 되면 어쩌나 하는 생각을 한편에서 하고 있다면 그 노력 의지는 반감될 게 분명하다.

흔히 노력은 절대 배신하지 않는다는 말을 하곤 한다. 그러나 현실은 늘 이론과는 다르다. 때로 노력도 배신을 한다는 말이다. 하지만 노력의 배신에도 불구하고 좌절하지 않고 다시 노력할 수 있다면 그 결과는 언제나 노력한 만큼 돌아올 것이라고 나는 믿는다.

도저히 성공 여부를 예측할 수 없는 막막한 일 앞에서 노력하는 것과 노력을 하지 않는 것. 어느 쪽이 성공에 더 가까이 다가갈 수 있는지, 어느 쪽이 성공할 확률이 더 높아지는지는 굳이 복잡하게 계산해보지 않아도 알 수 있다.

노력은 누구나 할 수 있다. 그러나 끊임없이 노력하는 것은 아무나 할 수 있는 일이 아니다. 따라서 그냥 노력하는 것만으로는 부족하다. 아무나 할 수 없는 끊임없는 노력이 우리 인생의 성패를 좌우할 것이다. 그러나 노력조차 하지 않으면 결국 아무것도 이룰 수 없다는 것을 우리는 이미 알고 있다.

제4장

나를 키운 것은 위기도 즐길 수 있는 긍정의 힘

모든 위기는 항상 새로운 기회를 포함한다.

물론 기회가 또 다른 위기를 불러오는 경우도 있다.

그러나 위기의 주변을 꼼꼼히 살피다 보면

그 위기를 극복하고 나갈 출구 전략이 발견되는 것은 물론이려니와

위기를 기회로 전환할 수 있는 터닝 포인트 또한 찾을 수 있다.

물론 반대로 기회가 찾아왔을 때도

그 기회의 빛에 가려 보이지 않는 위기 요인이

있다는 것도 잊어서는 안 될 것이다.

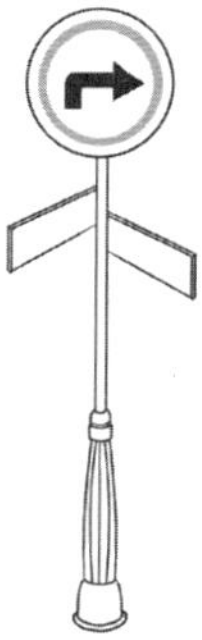

모든 기회는 위기에 둘러싸여 온다

두 번째 기회, 홈쇼핑 입점으로 비타민하우스를 널리 알리다

1998년 자본금 3천만 원의 건강기능식품 대리점(당시 상호 한솔메디플랜)으로 시작한 비타민하우스는 10년여 만에 연 매출 1,500억 원에 달하는 대형유통회사로 성장했다. 게다가 최근 3년 동안 매출액은 매년 40%씩 증가하는 엄청난 성장세로 질주하고 있는 건강한 중견기업이다.

광주를 비롯한 호남지역 약국에서만 숍인숍 가맹점을 모집하려 했던 애초 목표와는 달리 전국 3,500여 개 약국 가맹점과 1천여 개 병원 가맹점이라는 전국 네트워크를 형성하고 있는 비타민하우스는 이제 명실상부한 대한민국 대표 건강기능식품 회사이다. 게다가 생산, 유통, 판매를 원스톱으로 할 수 있는 아주 특별한 경쟁력까지 갖추고 있으니 앞으로 얼마든 더 성장해나갈 가능성이 잠재되어 있는 기업이기도 하다.

돌이켜 보건대, 오늘의 비타민하우스가 있기까지 수많은 위기의 순간이 있었던 것도 사실이다. 그런데 참으로 이상한 것이 모든 위기는 항상 우리 비타민하우스에게 새로운 기회가 되었다. 물론 기회가 또 다른 위기를 불러온 경우도 종종 있었다. 하지만 그 위기 역시 우리에게는 기회가 되었다.

나는 살면서 힘든 일이 있을 때마다 누구에게나 일생 동안 세 번의 기회는 주어진다는 생각을 하며 묵묵히 견뎠다. 나에게는 아직 오지 않은 기회가 있다는 생각으로 절망하지 않고 견딜 수 있었던 것이다. 동업자인 처남과 함께 건강기능식품 대리점을 확장해 운영하면서 수많은 밤을 지새우며 우리가 나누었던 이야기도 바로 그 세 번의 기회에 대한 희망이었다.

그리고 첫 번째 기회는 의약분업이라는 뜻하지 않은 위기와 함께 우리에게 찾아왔다. 그다음으로 두 번째 기회도 찾아왔다. 그런데 이번에는 뜻밖에도 너무 큰 기회였다.

약국 내 숍인숍 비타민하우스 가맹점을 늘여가며 상담영양사 제도를 통한 고객 맞춤형 비타민 판매라는 새로운 영업 전략을 준비하던 2001년 5월 무렵의 일이었다. 2001년 8월 식품 비타민 허가에 대비해 2000년 초부터 캐나다 건강기능식품 회사와 업무 제휴를 체결하고 식품 비타민류의 수입을 준비하고 있던 때였다.

국내 굴지의 기업 계열사인 홈쇼핑 회사라며 사무실로 한 통의 전화가 걸려왔다. 우연히 그 전화를 직접 받은 나는 직원 중 누군가가 홈쇼핑으로 물건을 샀겠거니 하고, 당연히 택배기사가 위치를 확인하기 위해 전화를 한 것으로 생각했다. 그런데 전화를 건 사람은 자신이 그 회사의 상품기획본부장이라고 소개하며 자기네 회사가 찾고 있는 제품이 비타민하우스에 있는 것 같아 전화를 하게 되었다고 했다.

순간 나는 내 귀를 의심하지 않을 수 없었다. 내가 어안이 벙벙한 사이 전화를 건 사람은 빠른 시일 내에 한번 만났으면 좋겠는데, 어디로 찾아가면 좋겠냐고 했다. 나는 수화기를 든 채 자리에서 벌떡 일어나 "아닙니다. 제가 가서 뵙지요."라고 말했다.

나도 한때는 기업에서 근무를 해본 사람이기 때문에 본부장쯤 되면 최소한 임원급이고, 부사장급일 수도 있다는 생각을 했다. 그런 사람을 내가 이 작은 사무실로 오라 가라 할 일은 아니라는 생각이 들었던 것이다.

다음 날 나는 그 홈쇼핑 회사를 찾아가 전화를 했던 상품기획본부장을 만났다. 나는 그가 도대체 우리 비타민하우스를 어떻게 알고 전화까지 했는지 무척 궁금했다. 그래서 그 이유도 알아볼 겸 직접 그를 찾아간 것이었다.

그런데 알고 보니 얼마 전 우리가 어느 대학에서 개최한 건강기능식품 원료박람회에 참여하면서 경제신문에 단체로 광고를 싣게 되었는데 그 광고를 보고 전화를 한 것이었다. 사실 그때까지만 해도 건강기능식품 원료박람회는 우리와 아무런 상관이 없는 박람회였다. 건강기능식품을 직접 생산할 계획이 없었기 때문이다. 하지만 유력 경제지에 광고까지 실어준다는 말에 이 기회에 약국 내 숍인숍 비타민하우스를 홍보해볼까 하는 생각으로 참가하게 된 것이었다. 그 광고를 보고 가맹점에 관심 있는 약사들이 전화를 걸지도 모른다는 기대는 했지만 이런 일이 일어날 줄은 정말 생각조차 못했다.

상품기획본부장실에는 담당 MD를 비롯해 여러 명의 직원들이 모여 있었고, 상품기획본부장은 이미 마음을 굳힌 듯 언제부터 홈쇼핑 방송을 할 수 있겠냐고 물었다. 나는 그 많은 사람들 앞에서 홈쇼핑 방송은 할 수가 없다고 말했다. 순간 찬물을 끼얹은 듯 분위기가 냉각되는 것이 피부로 느껴졌다. 다른 사람들은 홈쇼핑 방송을 하지 못해 안달인데, 홈쇼핑회사에서 방송을 하자는 데도 방송을 못하겠다는 바보가 다 있나 하는 표정이었다. 그 자리에 모인 사람들 모두의 표정이 그랬다.

하지만 나는 우리 비타민하우스의 제품은 비타민하우스 가맹 약국을 통해서만 유통하기로 이미 가맹주들과 약속을 했기 때문에 홈쇼핑에서는 유통할 수 없다는 입장을 설명했다. 그러자 상품기획본부장은 비타민하우스 가맹 약국이 모두 몇 개냐고 물었다. 나는 100개쯤 된다고 대답했고, 이에 상품기획본부장은 100개 가맹 약국의 사진을 찍어 홈쇼핑 방송 중에 이를 내보내 주겠다며 가맹 약국을 설득해보라고 제의했다.

나는 그제서야 한번 생각해보겠다는 대답을 했다. 그리고 나는 한 마디를 덧붙였다.

"그런데 본부장님, 저희가 아직 수입 절차를 밟고 있는 중이라 아직 제품이 없습니다."

기가 막힐 노릇이었다. 하지만 그때 그 상품기획본부장은 제품이 들어올 때까지 기다려주겠다고 했다. 아마도 사정을 모르는 사람이 이 광경을 봤더라면 나와 그 상품기획본부장 사이에 모종의 관계가 있을 것이라는 오해까지 했을 법한 일이었다.

비타민하우스 기적의 날,
첫 방송으로 1시간 매출 1억 8,000만 원

결국 2001년 9월, 모든 수입 절차를 거친 비타민 제품이 들어온 다음 우리는 홈쇼핑 방송을 하게 되었다. 우리나라 홈쇼핑 방송 사상 최초로 비타민 제품을 판매하게 된 것이다.

2001년 9월 27일. 그날을 우리는 '비타민하우스 기적의 날'이라고 기억한다. 첫 방송이 있던 그날 우리 회사 전 직원이 스튜디오에 가서 그 광경을 지켜보았다. 전 직원이라고 해야 열 손가락도 다 채우지 못하던 시절이었다. 생방송이 진행되는 동안 직원들은 내기를 했다. 오늘 매출이 얼마나 될까 하는 것이었다. 1,000만 원, 2,000만 원. 3,000만 원까지 부르는 직원이 있었다.

그러나 놀랍게도 방송 시작 30분 만에 매출을 1억 원을 넘겼고, 1시간의 방송이 종료된 다음 총 매출은 1억 8,000만 원으로 집계되었다. 우리는 서로 부둥켜안고 환호하면서도 도무지 믿을 수 없는 사실 앞에 어안이 벙벙해 있었다. 당시는 우리 회사 월 매출이 1억 8,000만 원이었던 시절이다.

그 후로도 홈쇼핑 매출은 나날이 신장했다. 홈쇼핑 방송으로 범국민적 신뢰를 구축하는 한편 홍보 효과도 톡톡히 누리게 되었다. 중소기업으로는 꿈도 못 꿀 TV CF를 홈쇼핑 채널을 통해서나마 1~2시간씩 지속해서 내보내는 것이나 마찬가지 효과였기 때문이다. 그 효과로 인해 비타민하우스 가맹 약국 역시 급속도로 증가했고, 가맹 약국에서의 비타민 판매 역시 하루가 다르게 늘어갔다.

2002년 봄에는 한일 공동월드컵으로 인한 특수를 누리기도 했다. 흔히 전 국민이 월드컵 경기에 빠져 있기 때문에 홈쇼핑은 불황일 것이라는 생각을 하지만 사실 월드컵 경기를 보기 위해 하루 종일 TV를 켜고 있는 만큼 홈쇼핑도 호황을 누린다. 게다가 봄은 원래 비타민이 잘 팔리는 계절이다. 봄기운에 나른해진 몸을 추스르기 위해 비타민을 구입하는 사람들이 늘어나기 때문이다. 월드컵 기간 중 우리는 2시간 동안의 방송으로 총 8억 원의 매출을 올리기도 했다.

배신당할 때마다 우리는 성장한다

하지만 홈쇼핑 방송으로 인한 매출 증대는 뜻밖의 문제를 발생시켰다. 우선 캐나다에서 우리에게 비타민 제품을 공급해주던 수입 밴더사가 우리를 통하지 않고 직거래를 하겠다는 욕심에 일방

적으로 거래를 끊어버린 것이다. 그래서 수입 밴더사를 통하지 않고 OEM 생산을 통해 제품을 공급받기로 했으나 이번에도 중간에 낀 회사가 다른 생각을 하는 바람에 제품을 공급받지 못하게 되었다.

중간에 누군가 있으면 중요한 순간에 발목을 잡힐 위험이 항상 도사린다는 사실을 깨닫고 이번에는 아예 미국에 있는 비타민 제품 공장과 직거래를 하기로 했다. 드디어 비타민하우스 자체 브랜드를 단 제품이 출시하게 된 것이다.

생각해보니 우리는 누군가 우리의 뒤통수를 치며 배신할 때마다 조금씩 더 성장했다. 전량 수입에 의존하던 것에서 OEM 생산으로, 그리고 생산공장과의 직거래를 통한 비타민하우스 브랜드 제품 출시로, 위기를 극복함과 동시에 우리는 스스로를 한 단계 한 단계 업그레이드 시켜나갔던 것이다.

이번에는 수량 공급이 새로운 문제로 발생했다. 우리나라는 판매량이 증가한다 싶으면 공장에서 야근을 하고 밤을 새워서라도 필요 수량을 맞춰 납품하는 문화가 아직 남아 있지만 건강기능식품 선진국인 북미·유럽의 공장들은 절대 그런 일이 없다. 아무리 물량이 부족하다고 사정을 해도 야근까지 해가며 무리하게 수량을 맞춰주지 않았다. 근로 문화의 차이에서 온 문제다.

충분한 물량을 공급하기 버거울 만큼 판매가 잘 되고 있다면 이제는 국내에서 자체 생산을 해도 되지 않을까 하는 생각이 들기 시작했다. 그리고 그즈음 걸려온 한 통의 전화가 그 생각에 확신을 심어 주었다.

일반적으로 제품을 구입한 고객이 그 제품에 대한 문의를 하기 위해 판매 회사로 전화를 걸었을 경우, 제품의 브랜드명을 말하며 문의를 한다. 예를 들면 '농심의 새우깡'이라든가 '오리온의 초코파이'라고 말하는 것이다. 그렇다면 우리 회사의 비타민 제품에 대해 문의를 한다면 예를 들어 '비타민하우스의 웰 플러스 비타민'이라고 말하는 것이 당연한 것이다.

그런데 어느 날 회사로 한 고객이 문의 전화를 해왔다. 그 고객은 이렇게 말을 시작했다.

"제가 비타민하우스를 먹고 있는데요…."

비타민하우스를 먹고 있다니! 아무리 작아도 비타민하우스는 엄연한 회사인데 우리를 먹고 있다고 말하는 것이 우습기도 하면서 한편 기분이 좋았다. 한때 내가 몸담았던 회사에서 만든 조미료가 국내에서 생산 유통되는 모든 조미료를 통칭하는 이름으로 불렸던 것처럼 이제 비타민하우스가 비타민의 대명사가 되었구나 하고 생각하니 가슴이 뿌듯하기까지 했다. 기분 좋게 고객의 문의에 응대를 하고 전화를 끊으며 나는 이 정도면 이제 비타민하우스의 자체 생산라인을 갖추어도 되겠다는 확신을 하게 된 것이다.

마침 그때 미원에서 함께 일했던 선배가 나를 찾아왔다. 선배는 건강기능식품 제조 공장을 운영하고 있었는데 공장 운영이 어려워 어디 넘길 곳이 없나 찾고 다니는 중이라고 했다. 나는 선배의 공장 지분 30%를 받는 조건으로 인수 합병해 비타민하우스 자체 제품

생산 라인으로 돌리기 시작했다. 2006년의 일이었다.

그로부터 4년이 흐른 2010년 우리는 전라남도 담양에 8,280㎡ 규모의 공장을 설립하게 된다. 비타민하우스 R&P 제1공장이다. 그리고 그때부터 지금까지 비타민하우스의 모든 제품은 순수 국내 기술로 국내에서 생산된 것으로 구성되어 있다. 그리고 100% 국내 생산을 시작한 이후 비타민하우스의 매출은 전년대비 250%나 증가했다.

나는 위기가 느껴질 때마다 그 위기에 둘러싸여 아직은 제 모습을 드러내지 않고 있는 기회가 반드시 있을 것이라고 생각하고 위기의 주변을 살피는 것이 버릇이 되었다. 위기의 주변을 꼼꼼히 살피다 보면 그 위기를 극복하고 나갈 출구 전략이 발견되는 것은 물론이려니와 위기를 기회로 전환할 수 있는 터닝 포인트 또한 찾을 수 있다는 것을 경험으로 알고 있기 때문이다. 하지만 반대로 기회가 찾아왔을 때도 그 기회의 빛에 가려 보이지 않는 위기 요인이 반드시 있다는 것도 잊어서는 안 될 것이다.

그렇게 기회는 위기에, 위기는 기회에 둘러싸여 우리에게로 온다. 별다른 예고도 없이!

나는 비가 올 때까지 기우제를 지낸다는
인디언들과 같은 마음으로 어떤 일이 성공할 때까지
그 일을 밀어붙인다.
안 된다는 부정적인 생각도,
안 되면 어떻게 하나 하는 조바심도 일단은 접는다.
1%의 부정적인 생각이 99%의 긍정을 잠식할까 봐
두렵기 때문이다.

1%의 부정적인 생각이 99%의 긍정을 잠식한다

부정적인 생각을 조심하라

생각을 조심하라. 언젠가 말이 되니까.
말을 조심하라. 언젠가 행동이 되니까.
행동을 조심하라. 언젠가 습관이 되니까.
습관을 조심하라. 언젠가 성격이 되니까.
성격을 조심하라. 언젠가 운명이 되니까.

언젠가 이 글을 읽고 무릎을 쳤던 기억이 있다. 어떻게 나와 이렇게까지 똑같은 생각을 한 사람이 있을까 하는 생각이 들었기 때문이다. 워낙 오래전에 읽었던 글이라 책의 제목이 도무지 기억이 나지 않았는데 얼마 전, 인터넷 검색을 하다가 그 출처를 새삼 알게 되었다.

이 글은 발타자르 그라시안이라는 17세기 스페인의 철학자가 쓴 〈세상을 보는 지혜〉라는 책에 실린 글이었다. 가톨릭 신부이기도 했던 발타자르 그라시안이 쓴 〈세상을 보는 지혜〉는 유럽 전역에서 번역 출판되었을 정도로 유명한 책이다. 그 이름만으로도 너무나 유명한 철학자 니체와 쇼펜하우어의 사상에도 큰 영향을 미친 이 책은 지금까지 전 세계적으로 가장 유명하고 영향력 있는 인생 지침서라 평가되고 있다. 우리나라에서도 1990년대 초반 출판되어 베스트셀러가 되었던 책이다. 아마 그 무렵 나도 이 책을 읽었던 것 같다.

이 글은 결국 생각은 말이 되고, 말은 행동이 되며, 행동은 습관으로 이어지고, 습관은 성격을 만들며, 그 성격이 운명을 만든다는 의미다. 그러니까 '말이 씨가 된다'는 우리 말 속담의 유럽 스타일인 것이다.

나는 '말이 씨가 된다'던 어른들의 말씀이 하나도 그르지 않다고 생각한다. 그래서 나는 어떤 상황에서도 1%의 부정적인 생각도 하지 않으려고 노력한다. 그러니까 절대로 부정적인 생각을 하지 않는다는 말이다. 1%의 부정적인 생각이 99%의 긍정적 상황을 부정적 상황으로 만들어 버릴지도 모른다고 생각하기 때문이다. 1%는 100개 중 하나일 확률이다.

"1%의 부정적인 생각과 99%의 긍정적인 생각 중 어느 쪽 힘이 더 강할까?"

이 물음에 대해 대부분 99%의 긍정적인 생각이 더 강할 것이라고 답할 것이다. 하지만 나는 그렇게 생각하지 않는다. 1%의 부정적인 생각의 힘이 더 강하다고 생각한다. 단 1%의 부정적인 생각이 99%의 긍정적인 생각을 무력화할 것이다. 그래서 부정적인 생각은 단 1%도 해서는 안 되는 것이다.

부정적인 생각은 부정적인 말이 되고, 부정적인 행동이 되며, 부정적인 습관으로 이어지고, 부정적인 성격을 만들어, 결과적으로 부정적인 운명을 만든다. 발타자르 그라시안이 말한 것처럼 우리가 생각을 조심해야 할 이유다.

우리에게는 비교만 하고 있을 시간이 없다

부정적인 생각을 하지 않으려면 비교하지 말아야 한다.

사람들은 흔히 비교를 통해 발전과 성장을 모색할 수 있다고 생각하지만 불필요한 비교는 오히려 발전과 성장의 걸림돌이 될 뿐이다. 내가 갖지 못한 것, 내가 할 수 없는 것, 내가 닿을 수 없는 곳에 대한 지나친 갈망은 열등감과 부정적인 생각으로 이어지기 마련이다. 그것이 인간의 본능이다.

또 비교란 결과적으로 상대 평가다. 상대와 비교해서 우열을 가르는 것이라는 말이다. 상대와 비교해 내가 열등하다는 느낌은 부정적인 생각으로 이어져 발전과 성장을 저해하지만 반대로 상대와 비교해 내가 우월하다는 생각은 우리를 안주하게 한다.

나는 할 수만 있다면 자기가 타고난 능력과 끼를 200% 발휘하며 살아야 한다고 생각한다. 그래야 비로소 성공의 문이 열리기 때문이다. 그런데 상대와 비교해 내가 조금 낫다는 우월감에 빠져 안주한다면, 더 이상 발전하고 성장해야 한다는 필요성을 인식하지 못한다면 빼꼼이 열렸던 성공의 문은 다시 굳게 닫혀버리고 말 것이다.

나는 지금까지 나 자신을 다른 누군가와 비교해본 적이 없다. 달도에서 가장 가난한 집 아들로 태어났다는 것은 비교를 통해서 알게 된 것이 아니다. 굳이 비교하지 않아도 인정할 수밖에 없는 사실이었다. 누군가와 나 자신을 비교해 내 처지를 알게 되었다는 것은 진정한 의미의 인정이 아니라고 생각한다. 그것은 그저 내가 남보다 가진 것이 적어 부끄럽다는 열등감일 뿐이다.

비타민하우스를 경영하면서도 단 한 번도 경쟁사가, 대기업이 무엇을 하는지 신경을 써본 적이 없다. 남들이 아무도 하지 않는 일을 하기에도 바쁜데 경쟁사를 신경 쓰고, 대기업을 벤치마킹할 여유가 나에게는 없었다.

대기업도 아닌 중소 규모의 업체가 이 무한한 경쟁 속에서 살아남기 위해서는 그 누구도 지금껏 생각하지 못했던 일로써 틈새시장을 공략하는 수밖에 없었다. 그러나 만약 누군가 우리보다 앞서 수많은 시행착오를 거쳐 안정시켜놓은 일이 있다면 우리는 시행착오의 시간을 줄이고 그 일도 잘할 수 있을 것이라고 나는 생각했다. 그래서 나는 남들이 안 하는 일을 우리가 먼저 한다, 그리고 남들이 해서 잘 된 일이라면 우리도 한다는 전략으로 지금까지 비타민하우스를 운영해왔다.

전세계 70억 인구 중 그 누구도 생각하지 못하는 것을 나 혼자 하고 있다는 생각은 대단히 오만한 착각이라고 생각한다. 내가 지금 하는 생각은 누구나 할 수 있는 생각이다. 전세계 인구 중 1%만 나와 같은 생각을 한다고 해도 그 수는 7천만 명이다. 그러니 한반도 전체 인구수와 비슷한 숫자의 사람이 하고 있는 생각을 나 혼자만의 생각이라고 여기는 것은 착각도 이만저만 착각이 아닐 것이다.

하지만 그 생각을 누가 먼저 실천에 옮기느냐는 대단히 중요한 문제다. 알고 있는 것을 곧바로 실천에 옮기는 사람보다는 알고는 있지만 실천하지 못하는 사람이 더 많기 때문이다.

운동화에 접이식 바퀴를 달아 평상시에는 그냥 신고 다니고 때론 롤러스케이트처럼 타고도 다니면 좋겠다는 생각을 한 사람은 무수히 많을 것이다. 하지만 실제로 운동화에 바퀴를 달아 제품을 출시한 사람은 오직 한 명. 따라서 바퀴 달린 운동화로 성공을 거둔 사람도 단 한 명인 것이다.

틈새시장을 공략해 선점하기 위해서는 스피디한 경영을 할 수밖에 없었다. 될 것이라는 확신이 서면 곧바로 실행방안을 만들어 진행했다. 지금도 비타민하우스에서는 의사결정을 하고 나면 1~2개월 이내에 제품이 출시된다. 의사결정 절차와 시간을 최단기화 하기 위해 팀장 선에서 결정하고 추진하는 일도 아주 많다.

아무리 좋은 사업 아이템이라도 그것을 기획하고 준비하는 데 1년이 걸린다면 그 사이 다른 누군가가 먼저 해버릴 것이고, 그러면

후발로 시작한 우리가 그들을 앞서 가기란 훨씬 더 어려워지기 때문이다.

어떤 일을 결정함에 있어 혹시 안 되면 어떻게 할까를 고민할 여유가 우리에게는 없었다. 일단 된다는 확신이 서면, 된다는 생각과 믿음으로 앞만 보고 추진해나갈 수밖에 없는 것이다. 안 될 것이라는 생각은 1%도 하지 않고서 말이다.

비가 올 때까지 기다린다면 비 올 확률은 100%

어느 인디언 마을에 기우제를 지내면 반드시 비가 온다고 소문이 자자한 부족이 살고 있었다. 오랜 가뭄으로 먹을 물조차 부족해 애를 먹고 있던 다른 인디언 마을의 부족장이 이 부족을 찾아왔다. 비를 불러올 확률 100%라는 이 마을의 주술사를 자기 마을로 데려가 기우제를 지내달라고 부탁할 참이었다. 그는 먼저 이 마을의 부족장을 만나 물었다.

"도대체 어떻게 하길래 기우제를 지내기만 하면 비가 온단 말이오?"

그러자 이 마을 부족장은 아무렇지도 않게 이렇게 말했다.

"우리요? 우린 비가 올 때까지 기우제를 지내거든요."

인디언들의 지혜를 엮은 우화집에 나오는 이야기라고 한다.

나는 비가 올 때까지 기우제를 지낸다는 이 인디언들과 같은 마음으로 어떤 일이 성공할 때까지 그 일을 밀어붙인다. 안 된다는 부정적인 생각도, 안 되면 어떻게 하나 하는 조바심도 일단은 접는다. 1%의 그 부정적인 생각이 99%의 긍정을 잠식할까 봐 두렵기 때문이다.

바닷가에서 나고 자란 나는 어려서부터 굿을 하는 광경을 자주 봐서 그런지 주술의 힘을 무시하지 못한다. 그런 의미에서 부정적인 생각도 주술적 힘을 발휘한다고 나는 생각한다. 우리가 흔히 '부정 탄다'라고 말하는 것과 같은 의미다. 안 될지도 몰라서 두려운 것보다는 안 될지도 모른다는 생각을 하면 정말로 안 될지도 모른다는 생각 때문에 그 생각을 하는 것 자체가 두려웠다. 그런 면에서 어쩌면 지금의 나 김상국을 키운 것은 어쩌면 대부분 긍정의 힘인지도 모르겠다.

세상은 가도 가도 부끄럽기만 하다고 노래했던 시인 서정주는 '스물 세 해 동안 나를 키운 건 팔 할이 바람'이라고 했다. 마흔일곱 해 동안 나를 키운 건 팔 할이 긍정이었다.

세상은 쉽게 바뀌지 않는다.

바뀌더라도 그 속도가 더디며,

나 혼자만의 힘으로는 어림도 없는 경우가 많다.

세상이 변화되기를 원한다면 내가 먼저 변해야 한다.

세상은 절대 먼저 우리에게 기회를 주지 않기 때문이다.

하지만 지금 당장 나 자신을 바꾸는 것은

내 마음에 달려 있다는 것을 기억한다면

어차피 안 될 일이라는 패배의식은

지금 당장 버릴 수 있을 것이다.

세상은 바꾸기 힘들어도 나는 내가 바꿀 수 있다

세 번째 기회, 웰빙 붐을 타고 국내 최초로 백화점 입점

사람은 누구나 인생을 통해 세 번의 기회를 만날 것이라고 생각했지만 나에게는, 그리고 우리 비타민하우스에게는 그 세 번의 기회가 생각보다 빨리 왔고, 또 기대보다 훨씬 크게 찾아왔던 것 같다.

의약분업과 홈쇼핑 방송에 이어 세 번째로 찾아온 기회는 21세기로 진입하면서 우리나라에서도 본격화되기 시작한 웰빙(Well-Being) 붐이었다.

모든 트렌드가 그러하듯 붐은 곧 관련 제품의 매출로 이어진다. 단순히 육체적으로 질병이 없는 상태가 아닌 몸과 마음, 개인과 공동체, 직장과 가정, 일과 여가 등 삶 전반에 걸친 건전한 조화를 통해 진정한 건강을 추구한다는 취지의 웰빙은 약품이 아닌 건강기능식품으로서의 비타민의 필요성을 자극했다.

하지만 비타민 관련 제품을 판매하는 로드숍이 들어서기에는 아직 우리나라의 국민소득이나 환경이 그 수준에 미치지 못하고 있는 상황이었다. 웰빙이 유행처럼 번져나갈 무렵까지도 우리나라는 국민소득 2만 달러 달성을 앞두고 있는 상황이었다. 하지만 상점가마다 비타민 관련 제품 전문 판매숍이 즐비한 소위 건강기능식품 선진국은 국민소득이 3만 5천~4만 달러 이상인 국가들이다.

그러나 한번 불이 붙기 시작한 웰빙 붐은 좀처럼 식을 기세가 아니었다. 그래서 생각해낸 것이 백화점 영업이었다. 이제 막 웰빙 바람을 타기 시작한 비타민이 가야 할 곳은 엄선된 고급 물건을 한자리에 모아둔 백화점이라는 생각을 했기 때문이다.

나는 일단 전화수화기를 들고 114에 전화를 했다. 그리고 안내원에게 ××백화점 식품매입본부 전화번호를 알려달라고 했다. 그리고 알아낸 전화번호로 전화를 걸어 다짜고짜 비타민하우스의 비타민을 입점하고 싶다고 말했다. 전화를 받았던 식품매입본부 담당직원은 그야말로 '백화점에 웬 비타민'이냐는 투로 무성의하게 응대했다. 하지만 긍정적인 검토를 해보겠다는 답변을 줄 때까지 나는 끈질기게 설득했다. 매출로 그 가능성을 증명해 보이겠다고 호언장담하기도 했다.

마침내 2주일간의 판촉행사를 진행한 다음 매출 추이에 따라 본매대 진입을 결정하겠다는 답이 왔다. 그러나 비타민하우스 단독이 아니라 CJ그룹, 대상그룹, 동원그룹 등 대기업 계열 식품회사와 함께 하는 판촉행사였다. 세 기업은 우리나라를 대표하는 식품 3사로 연 매출액이 모두 1조 원 이상인 기업이다. 하지만 나는 비타민에 있어서만큼은 그들에게 지지 않을 자신이 있었다. 나는 이미 김상국화 되어 있는 비타민하우스 상담영양사들을 믿었다.

기업 규모가 아닌 매출로 말하는 비타민하우스

2주일간의 행사 결과 매출 현황이 집계되었다. 결과는 당연히 우리가 1등이었다. 매출 2위 기업과도 2배 이상 차이가 났고, 꼴찌였던 기업과는 8배 이상 차이가 났다.

행사 첫날부터 백화점 측에서 이미 비타민하우스의 상담영양사들은 눈빛부터 다르다는 소리를 했다. 조금이라도 관심을 보이며 매대 앞을 지나는 고객은 단 한 사람도 놓치지 않는 상담영양사들의 근성이 놀라울 따름이라며 혀를 내둘렀다.

행사가 끝난 2주 후 비타민하우스는 그 백화점에 정식 입점했다. 우리나라 최초로 백화점에 입점한 비타민이라는 타이틀이 비타민하우스에 주어진 것이다. 그다음부터는 수월하게 영업을 할 수 있었다. 우리가 연락을 하지 않아도 먼저 연락을 해오는 백화점도 있었고, 행사를 거치지 않고 바로 입점하도록 해주겠다는 백화점도 있었다.

그러나 이제 백화점 영업에 주력하는 것은 비타민하우스뿐만이 아니었다. 앞서 백화점 행사에서 경쟁을 치른 식품 3사를 비롯해 식품 비타민을 유통 판매하고 있는 모든 기업이 백화점 영업에 혈안이 되어 있었다. 그래서 어느 백화점에서는 규모와 힘에 밀려 대기업 계열사인 다른 회사 제품보다 목이 좋지 않은 자리에 입점하게 되었다. 하지만 나는 목과 상관없이 매출로 승부해 이길 자신이 있었다. 결과는 역시 비타민하우스의 승리. 매출이 3배나 앞섰다. 2003년에 있었던 일이다.

그 무렵 우리는 회사 대표 브랜드였던 비타민하우스를 회사명으로 사용하기로 하고 상호를 변경했고, CI도 새롭게 만들었다. 그 후 조금 다듬어지기는 했지만 이제는 우리나라 국민 누구라도 보는 순간 비타민을 연상할 수밖에 없는 밝은 오렌지색 CI가 바로 그때 만들어진 것이다.

탓한다고 바뀌는 것은 아무것도 없다

세상이 모든 사람들에게 고르고 균등한 기회를 준다면 얼마나 좋을까.

하지만 현실은 그렇지가 않다. 대신 지금까지 여러 차례 말해왔지만 누구에게나 세 번의 기회는 온다. 그리고 사람에 따라서 그 세 번의 기회 다음에도 또 다른 세 번의 기회를 만나기도 한다.

문제는 단지 그 기회의 크기와 횟수가 고르지 않다는 것뿐이다. 아마도 우리에게 기회를 부여하는 신에게는 저울과 자가 없는 모양이다. 그리고 그 신은 기회를 부여한 횟수를 기록하지도 않는 모양이다.

때때로 우리는 기껏 찾아온 기회를 기회라 생각하지도 못하고 그대로 놓쳐버리는 일도 있다. 다 지나고 난 다음에야 그것이 기회였다는 사실을 깨닫는가 하면 평생 그것이 기회였다는 사실조차 깨닫지 못하는 경우도 있다. 그러니 기회가 나만 빗겨간다는 생각은 대단히 잘못된 것이다. 어쩌면 신은 우리에게 세 번이 아니라 세 번씩 300번, 3,000번이라도 기회를 주는지 모른다. 그 기회를 잡느냐 잡지 못하느냐는 결국 신의 영역이 아니라 내 자신의 몫, 그러니까 내 할 탓인 것이다.

사람은 누구나 실패를 거듭하다 보면 피해의식에 사로잡히게 된다. 나는 뭘 해도 안 된다는 생각을 하게 되고, 더불어 내가 뭘 해도 안 되는 데는 내 탓만 있는 것이 아니라는 생각을 하게 된다. 부모 탓을 하기도 하고, 타고난 환경 탓을 하기도 하고, 나를 몰라주는 세상 탓을 하기도 한다. 그렇게 탓이라도 해야 내가 덜 초라해지고 덜 상처받는다고 생각하기 때문이다.

하지만 아무리 탓을 해도 바뀌지 않는 것이 있다. 부모가 그렇고, 타고난 환경이 그러하며, 슬프지만 이 세상도 그렇다.

간혹 '나에게 아무것도 해주지 않았던 내 부모를 나는 도저히 인정할 수가 없다'고 말하는 사람들이 있다. 나는 이 말이 참, 말도 안 된다고 생각한다. 부모와 자식이 상호 간의 인정으로 성립되는 관계였단 말인가! 내가 내 부모를 인정하든 인정하지 않든 태어난 이상 내 부모는 내 부모인 것이다. 반대의 경우도 마찬가지다. 부모 자신의 성에 차지 않는다고 해서 '자식이 아니라 원수'라는 둥 '자식으로 인정할 수 없다'는 말을 하는 사람들도 있지만 인정을 하든 말든 내가 낳고 기른 이상 내 자식인 것이다.

그래서 인정을 하지 않는다는 것은 어떤 의미에서 '탓을 하고 있다'는 것과 같은 것이기도 하다. 내가 타고난 환경을 인정하지 못하고 이런 처지를 타고난 운명을 탓한다거나, 내 학벌을 인정하지 못하고 만족스럽지 못한 학벌을 갖게 된 이유와 배경을 탓한다거나, 나에 대한 세상의 가치 평가를 인정하지 못하고 나의 진가를 알아주지 않고 나에게 기회를 부여하지 않는 세상을 탓하는 것이다.

설령 그 탓이 크다고 해도, 그것을 모두가 인정한다고 해도 여전히 바뀌지 않는 것이 있다. 그것은 지금의 결과다. 부모가 해준 게 없어서, 환경이 나빠서, 세상이 고르지가 않아서 내가 불합리한 대우를 받고, 불만족스러운 처지에 놓일 수밖에 없다는 사실을 인정받았다고 한들 결과는 여전히 불합리하고 불만족스러울 것이다.

세상에는 내가 바꿀 수 있는 것이 있고, 내 힘으로는 도저히 바꿀 수 없는 것이 있다.

우리나라 최초로 홈쇼핑에서 판매된 비타민으로 지난 11년간 단 한 번도 놓치지 않고 부동의 매출 1위를 기록했으며, 우리나라를 대표하는 대형 식품 3사와 겨뤄 당당히 이기고 최초로 백화점에 입점한 비타민하우스지만 단지 회사의 규모와 이름만 보고 우리를 평가절하하는 사람들은 비단 백화점 직원들뿐만이 아니다. 아직도 제품 자체의 품질보다는 메이커의 지명도에 따라 제품의 수준을 가늠하는 고객들도 있다. 그렇다고 그런 사회와 고객을 탓하는 것은 아무런 소용이 없다.

세상이 변화되기를 원한다면 내가 먼저 변해야 한다. 최고의 품질과 서비스로 궁극의 고객 만족을 실현하겠다는 각오로 우리 스스로 회사와 제품, 서비스를 극대화 시키지 않는 한 세상은 절대 먼저 우리에게 기회를 주지 않기 때문이다.

누군들 세상을 리드하고 싶은 마음이 없을까. 하지만 리드를 당하는 사람이 있기에 리드하는 사람도 있는 것인 만큼 모두가 세상의 리더가 될 수는 없다. 그러나 정작 문제는 리드를 하느냐 리드를 당하느냐가 아니라 패배의식에 있다.

경쟁이 치열해질수록 그 경쟁에서 밀려나는 사람들은 패배의식에 사로잡히기 쉽다. 하지만 잘 생각해보면 경쟁에서 밀려나 리드를 당하기 때문에 패배의식에 사로잡히는 것이 아니다. 패배의식에 사로잡혀 있기 때문에 경쟁에서 밀려나고 리더가 될 수 없는 것이다.

경쟁에서 질 수도 있다. 그렇기 때문에 경쟁에서 이기는 것이 의미가 있는 것이다. 하지만 한 번 경쟁에서 졌다고 해서, 한 번 리더의 자리에서 밀려났다고 해서 그것으로 끝장은 아닌 것이다.

만약 나 김상국을 한 줄로 요약한다면, 가난한 완도 섬 소년으로 태어나 고학으로 학업을 마치고, 대기업에 입사해 커리어를 쌓은 다음 비타민하우스를 설립, 10여 년 만에 연 매출 1,500억 원의 회사로 성장시킨 성공한 CEO라고도 할 수 있을 것이다. 하지만 그 과정이 순탄하기만 했을까?

내가 지금의 자리에 오기까지 과정을 하나하나 되짚어본다면 위기와 좌절의 순간이 얼마나 많았는지 알 수 있을 것이다. 누구에게나 그러하듯.

다만 나는 발상의 전환으로 위기를 기회로 삼아 한층 더 성장할 수 있었고, 나 자신의 한계를 인정할 수밖에 없는 좌절감이 바닥을 쳤을 때 그 힘을 역이용해 한계를 극복해나갈 수 있었을 뿐이다.

세상은 쉽게 바뀌지 않는다. 바뀌더라도 그 속도가 더디며, 나 혼자만의 힘으로는 어림도 없는 경우가 많다. 하지만 지금 당장 나 자신을 바꾸는 것은 내 마음에 달려 있다는 것을 기억한다면 어차피 안 될 일이라는 패배의식만큼은 지금 당장 버릴 수 있을 것이다.

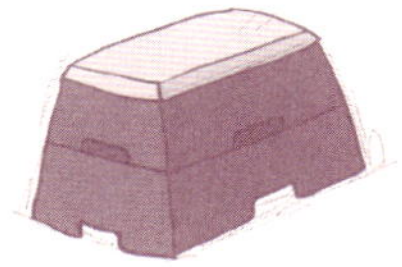

가슴이 뛰지 않는 일이라면
그 일은 지금 당장 그만 해도 되는 일이다.
내 인생에 아무런 변화도, 발전도 가져다주지 못할
의미 없는 일이라는 말이다.
가슴 뛰는 일을 하면 누구나 몰입할 수 있고,
몰입하며 하다 보면 언젠가는 성공하게 되어 있다.
나는 그렇게 믿는다.

가슴이 뛰지 않으면 당장 그만둬라

행운은 왜 늘 비타민하우스의 편이었을까?

약국 내 숍인숍으로 시작해 100% 국내 기술로 우리 브랜드의 비타민 제품을 생산, 유통, 판매하는 기업으로 성장하기까지 위기도 많았지만, 한편으로는 생각하지도 못했던 행운도 많이 따랐다.

제1기 상담영양사를 선발해 교육할 때만 해도 그렇다. 식품에 대해서는 이미 대학에서 충분히 공부를 한 사람들이고, 국가고시까지 통과해 면허를 취득한 영양사들이니 따로 교육할 필요가 없지만 일반 의약품 개론을 체계적으로 교육해야 할 필요가 있었다. 영업이나 판매에 대한 교육은 내가 한다 하더라도 일반 의약품에 대한 강의를 누구에게 맡겨야 할지 난감한 상황이었다. 이미 스피디하게 일은 벌여놓은 상황에서 누구를 불러 강의를 해야 할까 고심하는데 불현듯 떠오른 생각이 있었다.

의약분업이 실시되기 얼마 전 거래하던 약국의 약국장으로부터 한 권의 책을 샀던 것을 기억해낸 것이다. 8만 원이나 하는 두꺼운 책이었는데 그 약국장이 전북대학교 의과대학 교수와 공동으로 집필한 책이라고 해서 나한테는 별 필요도 없는데 어쩔 수 없이 사준 것이었다. 말하자면 강매였다. 그런데 그 책이 마침 〈일반 의약품 개론〉이라는 책이다. 나는 옳다구나 싶어 그 약국장에게 전화를 했다. 약국장은 물론 공동 집필자였던 의과대학 교수까지 강사로 모실 수 있게 되었다. 물론 교재는 그분들이 집필한 〈일반 의약품 개론〉이 사용되었다. 순식간에 교육커리큘럼에서부터 강사진까지 원스톱으로 구성된 것이다.

그런가 하면 이런 일도 있었다. 비타민 제조 과정에서 설탕 대신 천연 감미료를 사용하자는 생각에 이런저런 천연 물질로 단맛을 내는 시제품을 만들던 때가 있었다. 여러 가지 방법을 사용해 봤지만 자일리톨을 사용했을 때 가장 맛이 좋다는 결론이 났다.

사실 외국에서는 비타민 제품에 '천연 비타민'이라는 단어를 사용할 수 있지만 우리나라는 '천연'이라는 단어에 관한 규정이 심해 일단 한 번이라도 가공을 거친 제품에 대해서는 함부로 '천연'이라는 단어를 사용할 수가 없다. 그러니까 외국에서는 천연 비타민 원료를 가공해 비타민을 만들면 그게 바로 천연 비타민인데 반해 우리는 오이, 당근, 오렌지와 같은 천연의 상태가 아니면 천연 비타민이라는 말을 제품에 붙일 수가 없는 것이다. 그래서 우리는 '천연 원료로 만든 비타민'이라는 말을 만들어 사용하곤 한다.

그런데 비타민 제품을 만드는 천연 비타민 원료는 쓴맛이 강해 그냥 먹기가 힘들다. 그래서 과립형이나 츄어블정을 만들 때는 단맛을 내기 위해 설탕을 넣게 되는 것이다. 우리는 웰빙 붐으로 건강을 생각하는 고객이 급증하자 과립형과 츄어블정에 설탕 대신 자일리톨을 넣어 단맛을 내기로 한 것이다. 몸에 좋은 약이라고 반드시 입에 써야만 하는 것도 아니라는 생각에서 비롯된 아이디어였다.

그런데 우리가 자일리톨 성분으로 맛을 낸 비타민 제품을 출시하는 것과 거의 동시에 자일리톨껌이 엄청난 히트를 했다. 여러 제과회사에서 비슷비슷한 이름과 모양의 자일리톨껌을 만들어내고, TV에서도 엄청나게 광고를 해댔다.

덩달아 자일리톨 성분으로 단맛을 낸 비타민하우스의 비타민도 호황을 누렸다. 그때 비타민하우스 직원들은 '광고는 롯데가 하고, 비타민은 우리가 판다'는 말을 농담처럼 하기도 했다. 2002년은 한일월드컵으로 홈쇼핑 매출이 증대하고, 자일리톨껌이 대유행을 하는 바람에 자일리톨 성분으로 단맛을 낸 비타민하우스 제품도 때아닌 특수를 누렸던 해로 기억된다.

2011년 3월 11일, 일본 대지진으로도 우리는 뜻하지 않은 호황을 맞았다. 일본 대지진이 일어나기 훨씬 전 우리는 요오드가 함유된 비타민을 출시했다. 그런데 2011년 3월 11일, 집채만 한 파도가 밀려와 모든 것을 휩쓸어 가버리는 쓰나미의 충격이 채 가시기도 전에 일본 후쿠시마 지역에서 원전 사고가 터지면서 일본 전역은 물론 전 세계가 방사능의 공포로 떨게 되었다. 일본과 가장 가까운 우리

나라는 그 공포가 더 극심했다. 결과는 비타민하우스의 요오드 함유 비타민 판매로 이어졌다. 요오드가 방사능 오염을 막아준다는 사실이 언론과 입소문을 통해 널리 퍼졌기 때문이었다. 당시 홈쇼핑에서 우리 회사 요오드 함유 비타민은 1시간에 6억 3천만 원의 매출을 기록했다. 분당 1,050만 원 어치가 팔렸다는 계산이다.

엄청난 인명 피해와 더불어 그 여파가 지금까지도 계속되고 있는 대재앙 앞에서 행운을 운운한다는 것이 반인륜적이라는 생각을 들어 지금까지는 어디에서도 내놓고 말하지 않았던 일이다.

어쨌거나 가끔 마치 신이 우리 비타민하우스에게 특별한 은총을 베풀기라도 하는 듯 예기치 못한 일이 생기는 것에 감사하지 않을 수 없었다.

그런데 왜 이런 행운은 하필 나에게, 우리 비타민하우스에 찾아왔을까? 신이 유독 우리에게만 은총을 베풀 만한 이유가 있었을까?

24시간 식지 않는 열정으로, 24시간 가슴 뛰는 일을 하라

나는 행운도 기회처럼 그것을 잡아채는 사람만이 가질 수 있는 것이라고 생각한다. 그러니까 행운이 나만의 특권이 된 이유는 내가 그 행운을 잡아챘기 때문이고, 내가 행운을 잡아챌 수 있었던 이유는 그만한 열정이 있었기 때문이다.

나는 24시간 식지 않는 열정과 24시간 뛰는 가슴으로 산다. 그래서 열정이 느껴지지 않고, 가슴이 뛰지 않는 일에는 아무런 흥미를 느끼지 못한다.

사람들은 내가 24시간 일만 하는 지독한 일벌레일 것이라고 지레 짐작을 한다. 하지만 절대 그렇지 않다. 나는 24시간 식지 않는 열정과 24시간 뛰는 가슴을 유지해줄 일에만 몰입할 뿐이다.

가슴이 뛰지 않는 일이라면 그 일은 지금 당장 그만 해도 되는 일이다. 내 인생에 아무런 변화도, 발전도 가져다주지 못할 의미 없는 일이라는 말이다.

내가 비타민을 비롯한 건강기능식품 사업을 시작한 이유는 단 하나였다. 캐나다와 미국과 같은 건강기능식품 선진국에는 비타민을 비롯한 다양한 건강기능식품 시장이 이미 주요 소비시장으로 자리 잡고 있다. 이런 것들만을 전문적으로 판매하는 로드숍이 전혀 낯설지 않을 정도이다.

그러나 우리나라의 경우 건강기능식품은 비전문가나 다단계 판매조직을 통해서 유통되고 판매되는 형태로 아직까지 제대로 된 시장이 형성되지 않았다. 나는 비타민은 물론 다양한 건강기능식품이 전문가에 의해 유통되고 판매되는 새로운 시장을 만들고 싶었다. 그리고 전문점 개념의 로드숍이 생길 때까지, 우리나라 국민소득이 4만 달러에 이르게 될 때까지는 의약품을 전문적으로 판매하는 약국에서 이를 판매하고자 하는 생각에 비타민하우스를 시작한 것이다.

아무도 하지 않은 일을 한다는 것은 잠을 못 이룰 만큼 가슴을 설레게 한다. 나는 24시간 열정으로 들끓었고, 그래서 24시간 가슴이 뛰었다. 그 열정과 뛰는 가슴으로 나는 무서우리만치 일에 몰입했다. 길을 걷다가 알파벳 'V' 자만 눈에 띄어도 시선이 꽂혔고, 가슴이 두근거렸다. 그러니 내 곁을 스치듯 지나가는 행운을 그냥 놔둘 리 없었다. 나는 어떤 기회나 행운의 그림자가 저만치 비치기만 해도 무서운 속도로 다가가 그것을 움켜잡았다.

모든 것은 몰입에서 나왔고, 그 몰입은 일에 대한 열정이 있어 가능했다.

가슴 뛰는 일을 하면 누구나 몰입할 수 있고, 몰입하며 하다 보면 언젠가는 성공하게 되어 있다. 나는 그렇게 믿는다.

우물을 파되 한우물을 파라. 샘물이 날 때까지

사람들은 누구나 자기가 하는 일에 어떤 의미를 붙인다. 그 일을 하기 위한, 해야만 할 당위성을 찾기 위해서다. 하지만 내가 하고 있는 일에 의미를 붙이기보다는 의미 있는 일을 찾아서 해야 한다.

의미는 붙이기 나름이다. 대출금을 갚아야 하기 때문에, 아이들을 양육하기 위해, 먹고 살기 위해 한다는 것도 다 나름의 의미가 될 수 있다. 그러나 그렇게 내가 하고 있는 일에 의미를 붙여 그 의미 때문에 일을 하다 보면, 의미가 있다면 어떤 일이든 할 수 있게 된다.

밖에서 보는 비타민하우스는 실제보다 열 배 이상 크다. 외부인들은 우리 회사의 규모를 실제보다 열 배 이상 크게 본다는 말이다. 전국 4,500개 약국과 병원에 입점한 비타민하우스 덕에 그렇게 부풀려진 것 같다. 그래서인지 사업 실패로 생활고를 겪는 선배나 친구들이 찾아오는 일이 종종 있다. 나는 그들을 비교적 냉정하게 대한다. 그렇다고 문전박대를 한다는 것이 아니라 한 달 정도 쓸 돈을 주면서 이렇게 말한다.

"내가 만일 지금 선배님과 같은 입장이라면 저는 오늘 밤부터 당장 대리운전이라도 하겠습니다. 막노동이나 택시 운전이라도 좋구요. 꼭 성공해서 다시 오십시오. 기다리겠습니다."

이 경우 호구지책으로 하는 대리운전이나 막노동, 택시 운전은 의미 있는 일이라기보다는 어떤 의미를 위해 하는 일이기는 하다. 하지만 이렇게 특별한 경우가 아니라면, 더욱이 이제 막 사회생활을 시작하려는 청년들이라면 의미 있는 일을 하는 것이 우선이라고 생각한다.

'우물을 파되 한우물을 파라. 샘물이 날 때까지.'

이 말은 의술로 인류애를 베푼 노벨평화상 수상자 슈바이처가 한 말이다.

나는 우리나라 건강기능식품 시장의 올바른 형성과 더불어 비타민을 통한 국민건강증진이라는 의미 있는 일에 우리 비타민하우스가 기여할 수 있기를 바란다. 그 의미가 실현되는 날까지 나는 24시간 식지 않는 열정과 24시간 뛰는 가슴으로 한우물을 팔 것이다. 샘물이 날 때까지.

리스크는 피하는 것이 아니라 관리하는 것이다

생각은 심플하게, 결정은 스피디하게

한때 '하이 리스크 하이 리턴(Hight Risk Hight Return)'이라는 말이 유행했던 적이 있다. 투자자문회사나 증권사의 광고 문구였던 것으로 기억되는 이 말은 사실 영어 문법에는 전혀 맞지 않는 표현이었음에도 불구하고 대히트를 쳤다. 그래서 한동안 투자의 기본 법칙처럼 여의도 증권가에서 회자되었던 말이기도 하다.

'하이 리스크 하이 리턴'이 문법에 맞는 표현이든 아니든 그 논리만큼은 꼭 맞아떨어지는 말임에 틀림이 없다. 그리고 이 논리는 비단 투자에만 적용되는 것은 아니다.

세상의 모든 일은 성공으로 인해 돌아오는 몫이 크다면 당연히 실패로 인한 리스크도 커진다. 반대로 리스크가 적은 일은 성공해도 돌아올 몫 또한 그다지 크지 않다. 로또 당첨 확률이 낮을 수밖에 없는 이유가 당첨 되지 않았을 때의 리스크가 낮기 때문인 것과 마찬가지다.

따지고 보면 크든 작든 리스크가 없는 일은 존재하지 않는다. 그러니 리스크가 가장 작은 일은 사실 아무것도 하지 않는 것인지도 모른다. 그러나 아무것도 하지 않고 있으면 얻을 수 있는 것 또한 아무것도 없다. 결국 모든 게 제로인 것이다.

나는 모든 일에서 생각은 최대한 심플하게, 그리고 결정은 최대한 스피디하게 하려고 노력한다. 왜냐하면, 복잡하게, 그리고 오래 생각하면 생각할수록 모든 생각은 부정적인 결론으로 다가갈 가능성이 높기 때문이다.

내 친구 녀석 중 하나는 지금 아내가 된 여자친구에게 프러포즈를 하면서 생각할 시간을 주지 않고 지금 이 자리에서 당장 답을 달라고 했다고 한다. 뭐가 그렇게 급했냐고 물으니 이 친구의 대답이 아주 걸작이었다.

"세상의 모든 여자들은 생각할 시간이 많으면 반드시 부정적인 결론을 내리게 되어 있거든."

생각할 시간이 많을수록 부정적인 결론을 내리기 쉬운 것이 어디 여자뿐이겠는가.

나는 사람의 직관을 믿는 편이다. 그러나 그 직관은 우리가 흔히 '감(感)'이라든가 '느낌'이라든가 하고 말하는 것과는 다른 것이다. 직관은 깊은 통찰과 몰입으로 얻어지는 확신의 다른 말이다.

외국의 어느 성공한 사업가는 '신이 당신을 도와주고 싶을 때까지 전념하면 길이 보인다'고 했다. 그 길이 바로 직관이라고 나는 생각한다.

직관으로 판단한 일은 곧바로 행동으로 옮긴다. 모든 행동에는 50 대 50의 확률이 존재한다. 성공할 확률 50%, 실패할 확률도 50%. 다시 말하지만 아무런 행동도 하지 않으면 실패할 확률이 0%이지만 성공할 확률도 0%인 것이다. 결국 아무것도 없는 '무(無)' 의 상태이자 제로인 것이다.

만약 지금 어떤 일을 행동에 옮길 것인가, 말 것인가에 대해 고민하고 있다면 이 간단한 계산에 근거해 판단해보길 바란다. 최대한 심플하게, 그리고 최대한 스피디하게.

사람들은 리스크는 피하는 것이라는 생각을 많이 한다. 하지만 리스크를 피하기만 하면 종국에는 아무것도 얻을 수 없게 된다. 따라서 리스크는 피하는 것이 아니라 관리하는 것이다. 나아가 그 과정을 즐길 수 있다면 더욱 좋다.

그러니 운 좋게 리스크를 피했다고 좋아할 일이 아니다. 크게 얻을 수 있는 기회를 놓친 것이기 때문에 오히려 안타까워해야 한다.

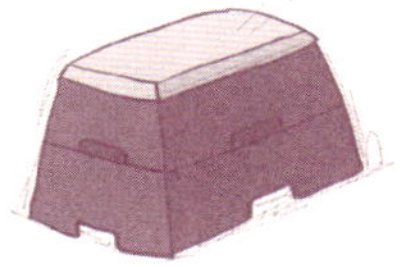

인생의 세 번째 원칙 ▼ 3

실패를 두려워하지 않는다

넘어져야 앞으로 나갈 수 있다

2006년 7월 20일, 나는 영어 어학연수를 위해 필리핀으로 떠났다. 나 혼자 계획하고, 나 혼자 결정하고, 나 혼자 모든 수속을 마친 다음 비행기 표까지 사놓고 직원들에게는 통보하듯 알리고 떠난 연수였다.

물론 표면적인 이유는 아직은 젊은 CEO로서 외국에 출장 갈 때마다 통역과 동행한다는 것이 영 부끄럽다는 것이었다. 실제로 미국에 출장 가서 그다지 어렵지도 않은 문장을 말하려 하는데 자꾸 인도네시아어가 뒤섞여 튀어나오는 바람에 곤란을 겪은 일이 있기도 했다. 그래서 더 나이 들기 전에 영어 실력을 조금이나마 향상시키고 오겠다는 것이 내가 직원들 앞에서 말한 필리핀에 가야만 하는 이유였다. 하지만 보다 실질적인 이유는 따로 있었다.

나를 위해, 비타민하우스를 위해 그런 시간이 필요하다는 결단을 내렸기 때문이다. 8년 동안 정말 앞만 보고 달렸다. 가족들은 광주에 두고 혼자 서울을 오가며 일할 때나, 서울에 집을 마련해 가족들이 모두 이사해온 다음이나 집에 가는 날보다는 늦게까지 일하다가 직원 숙소에서 직원들과 함께 자고 그대로 출근하는 날이 더 많았다. 8년 동안 나는 곧 비타민하우스였고, 비타민하우스는 곧 나 김상국이었다.

하지만 그즈음 나는 더 큰 도약과 더 큰 성장을 위해서는 나 자신도, 우리 비타민하우스도 거리를 두고 객관화시켜 바라볼 수 있는 시각이 필요하다는 것을 느끼고 있었다.

내가 필리핀으로 떠날 때 많은 사람들이 걱정을 했다. 도대체 CEO가 무슨 배짱으로 그렇게 오래 자리를 비우겠다는 생각을 하느냐고 걱정하는 사람도 있었고, 사장이 없는데도 회사가 아무 탈 없이 굴러갈 것이라고 생각하는 것은 착각이라고 충고하는 사람도 있었다.

물론 우리 비타민하우스가 어떤 회사인지, 비타민하우스 가족들이 어떤 오너십으로 일을 하는지 모르고 하는 충고가 대부분이었다. 하지만 나름의 일리 있는 말이기도 했다.

나는 일단 내가 자리를 비우더라도 비타민하우스가 그리 쉽사리 흔들리지 않을 것이라는 기본적인 신뢰를 가지고 있었다. 그리고 설령 비타민하우스가 흔들리더라도, 흔들려 넘어지더라도 다시 일어날 자신이 있었다.

단 한 번도 넘어지지 않고, 실패하지 않는 인생은 없다. 자전거를 타도 수없이 넘어지고 쓰러진 다음에야 비로소 몸이 기억한 균형 감각으로 인해 넘어지지 않고 잘 탈 수 있게 되는데, 하물며 인생이 어떻게 한 번도 넘어지지 않을 수 있겠는가.

문제는 어떻게 해야 넘어지지 않는가 하는 것이 아니라 어떻게 해야 넘어졌다가도 다시 일어설 수 있는가 하는 것이다. 그렇기 때문에 실패해도 괜찮다. 다시 일어서면 그만이다. 자전거를 처음 탈 때와 같은 배짱으로 넘어질 것을 두려워하지 않으면 된다. 넘어질 것을 두려워하는 사람은 평생 자전거를 탈 수 없다. 인생은 더욱 그렇다. 한 번도 넘어지지 않은 인생은 결코 성공할 수 없다.

필리핀에서의 시간은 정말 의미 있는 시간이었다. 설령 시간을 다시 돌릴 수 있다 하더라도 절대로 포기할 수 없는 소중한 시간이다. 처음에는 하루에 7시간씩 영어공부에만 몰입할 수 있는 것 자체만으로도 마냥 즐겁고 신이 났다. 하지만 시간이 지날수록 영어공부 이외에도 나와 비타민하우스의 역사를 되돌아볼 수 있었던 의미 있는 시간이 되었다.

군에서 제대한 이후 지나온 삶과 앞으로의 삶에 대해 그렇게 많은 생각을, 그렇게 깊이 해본 시간은 처음이었다. 그런데 그 생각이 미처 정리도 되기 전에 회사가 위기를 맞아 부랴부랴 일시

귀국을 할 수밖에 없었다. 그래서 일단 급한 상황을 정리한 다음 다시 필리핀으로 돌아갔던 것이다. 그때는 이미 영어공부는 명분이 아니었다.

이제 다시 돌아가면 비타민하우스 사장직에 복귀를 하게 될텐데, 앞으로 김상국 개인의 비전과 비타민하우스의 비전을 정리하기 위해서는 얼마간의 시간이 더 필요했던 것이다.

이제는 김상국의 비타민하우스가 아니라
비타민하우스의 비타민하우스다

나는 그 시간동안 다시 경영 일선에 복귀하더라도 더 이상 내가 전면에 나서지는 않으리라는 중대한 결심을 했다. 김상국의 비타민하우스가 아닌 비타민하우스의 비타민하우스를 만들겠다는 생각에서였다. 비타민하우스의 비타민하우스를 위해 이제 김상국은 비타민하우스고, 비타민하우스는 곧 김상국이라는 생각을 나 자신도, 그리고 비타민하우스 가족들도 버려야 할 때가 온 것이다.

다시 경영 일선에 복귀하면 최대한 권한위임을 할 결심을 하고 필리핀에서 돌아왔다. 그리고 1998년부터 나와 함께 했던 고졸 출신 영업사원 두 명을 부장에서 영업본부장과 관리본부장으로 각각 승진시키고, 그들에게 내 권한의 대부분을 위임했다. 이제 비타민하우스에서 내 결재를 필요로 하는 일은 딱 두 가지뿐이다. 월급 인상과 승진 인사. 그러니까 나는 일 년에 딱 두 번만 결재하는 사장이다. 내가 본부장에게 권한을 위임하고 나자 본부장은 팀장에게, 팀장은 실무담당자에게 할 수 있는 한 모든 권한을 위임했다.

결국 사장의 권한위임으로 직원들의 오너십과 결속력은 더욱 강화된 것이다.

진정한 오너십은 자율과 책임의 균형 잡힌 공존에서 발휘되는 힘이다. 자율에 무게가 실리면 자만하기 쉽고, 책임만 강조하면 적극성을 띠기가 어려워진다. 따라서 자만을 불러오지 않을 만큼의 자율과 적극성을 유지할 수 있을 정도의 책임이 동시에 주어질 때 우리는 발전적이고 진취적인 오너십을 가지고 모든 일에 임할 수 있게 되는 것이다. 그리고 그 오너십이 비타민하우스의 비타민하우스, 우리 모두의 비타민하우스라는 비전을 만들어갈 것이라고 나는 믿는다.

넘어질 수도 있고, 실패할 수도 있다는 마음의 여유는 내가 틀릴 수도 있다는 사고의 유연성 없이는 절대 만들어지지 않는다. 실패를 받아들이지 못하는 완벽주의자들은 대부분 자기 자신이 틀릴 수도 있다는 사고를 하지 못하는 경우가 많다. 절대로 틀려서는 안 된다는 생각이 절대로 틀릴 리 없다는 독선적인 생각으로 이어지기 때문이다.

누구나 틀릴 수 있다. 나 또한 틀릴 수 있다. 틀렸다는 것은 역시 문제가 되지 않는다. 하지만 틀릴 수도 있다는 생각을 하지 못하고, 자신이 틀렸다는 것을 끝까지 인정하지 못하는 것은 큰 문제다. 틀렸다는 것을 인정하고 나면 그것을 바로 잡아 다시 앞으로 나아가기만 하면 되는데, 틀렸다는 것을 인정조차 못 한다면 바로잡을 여지도, 다시 앞으로 나아갈 기회도 영영 없어지고 말기 때문이다.

〈화랑세기(花郎世紀)〉에 등장하는 신라시대 여인으로 왕실과 화랑제도의 원화들을 휘두르며 임금 이상으로 권력을 장악했다고 전해지는 미실, 그리고 그녀에 맞서 결국 왕위를 차지하는 덕만공주(후일 선덕여왕)의 이야기를 그려 큰 화제를 몰고 왔던 TV 드라마 〈선덕여왕〉에서 미실이 한 유명한 대사가 있다.

"사람은 능력이 모자랄 수 있습니다. 사람은 부주의할 수도 있습니다. 사람은 실수를 할 수도 있습니다. 하지만 내 사람은 그럴 수 없습니다."

만인의 연인이었던 미스코리아 출신 탤런트 고현정의 카리스마 충만한 열연으로 많은 사람들에게 각인되었던 이 대사가 미실이 왕위를 차지할 수 없었던 이유를 집약적으로 보여주고 있다고 나는 생각한다.

나의 모자람과 부주의함, 그리고 실수를 용납하지 못하는 사람은 다른 사람의 그것 또한 용납하지 못한다. 실수를 이해하고 용납하려면 그럴 만한 덕이 있어야 한다. 하지만 자신의 실수조차 스스로 용납하지 못하는 사람에게 그것을 기대하기는 어렵다. 덕이 없는 리더는 결국 스스로 파멸의 길로 걸어 들어가게 될 것이다.

권한위임 후 나는 이제부터 모든 비타민하우스 가족의 부모가 되기로 마음먹었다. 비타민하우스 가족이라면 누구나 편안한 마음으로 믿고 일할 수 있는 분위기를 만들어나가는 책임감 있고 인자한 부모가 되리라. 권위로 지시하고 강요하는 가장이 아니라 끝까지 기다려주고, 지지해주고, 용기를 북돋워 주는 비타민하우스의 어머니가 되리라.

필리핀에서 돌아오는 비행기 안에서 내 시야를 가득 채우며 점점 가까이 다가오는 서울의 야경을 바라보며 다짐하고 또 다짐한 생각이었다.

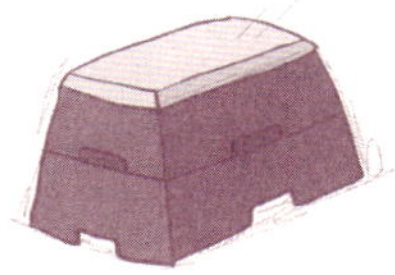

제5장

세상이 있어 내가 있고 우리가 있다

소통하지 않는 조직은 이미 죽은 조직이다.
피가 통하지 않으면 괴사(壞死)할 것이고,
수분과 양분이 통하지 않으면 고사(枯死)할 것이며,
산소가 통하지 않으면 질식사할 것이다.
조직의 괴사, 고사, 질식사를 막기 위해서는
부서 간 이기주의를 우선적으로 없애야 한다.
나와 다른 일을 하는 동료에 대한,
그리고 다른 부서에 대한 애정 어린 관심을 갖지 않고서는
진정한 소통은 불가능하기 때문이다.

소통하지 않으면 발전도 없다

CI보다 사보를 먼저 만든 이유

공자가 말씀하시기를, "나는 15세가 되어서 학문에 뜻을 두었고(志學), 30세가 되어서 학문의 기초가 확립되었으며(而立), 40세가 되어서는 판단에 혼란을 일으키지 않았고(不惑), 50세가 되어서는 천명을 알았으며(知天命), 60세가 되어서는 귀로 들으면 그 뜻을 알았고(耳順), 70세가 되어서는 마음이 하고자 하는 대로 하여도 법도에 벗어나지 않았다(從心)"고 하였다.

유가(儒家)의 성전(聖典)이라고도 할 수 있는 〈논어(論語)〉는 공자와 그의 제자가 나눈 문답을 주요한 내용으로 하고 있다. 그중 '위정편(爲政篇)'에 나오는 너무나 유명한 말이다.

그렇다면 공자가 '학문의 기초가 확립되었다'고 말한 이립(而立)의 나이, 서른에 나는 과연 무엇을 확립하고 있었을까? 곰곰이 생각해

보니 나는 서른 즈음에 두 가지 생각을 하고 있었다.

그것은 내가 만일 사업을 한다면 반드시 사보(私報)를 만들겠다는 것과 회사 아랫사람의 창의적인 생각이 묵살되는 일은 절대로 하지 않겠다는 것이었다. 소통을 잘하는 CEO가 되고 싶었다.

하지만 언제가 될지는 몰라도 언젠가는 내 사업을 하겠다는 생각조차 하지 않고 있을 때였기 때문에 막연히 그렇게 생각을 해보았을 뿐이었다. 말 그대로 '내가 만일 CEO가 된다면'이었다.

미원에 다닐 때 나는 회사 사보에 두 번이나 인터뷰가 실렸다. 사보뿐만이 아니다. 공중파 방송국에서 미원과 관련한 프로그램을 만든다고 했을 때도 적극 참여했다. 그 바람에 나는 두 번이나 TV에 출연하게 되었다. 한 번은 미원의 인도네시아 진출 성공 스토리를 드라마 형식으로 만든 프로그램이었고, 또 한 번은 시골 장터를 돌아다니는 프로그램이었는데, 그때 나는 장구를 매고 나와 이름이 똑같은 가수 김상국 씨와 함께 즉석 공연까지 했다.

내가 이런 이야기를 하면 우리 비타민하우스 직원들은 '대표님은 원래부터 매스컴을 좋아했다'며 놀리듯 말한다. 하지만 나는 의외로 숫기가 없는 사람이다. 부끄러움도 많고 낯도 많이 가린다. 특히 인도네시아 진출 성공 스토리에 출연했을 때는 당대 최고의 여자 탤런트였던 홍리나 씨가 재연배우로 나왔고, 나는 사내 재연배우로 출연했는데 부끄러워서 NG를 얼마나 많이 냈는지 모른다.

그런 내가 인터뷰니 방송 출연이니 하는 것에 그렇게 적극성을 띤 이유는 어떻게든 나를 알리고 싶었기 때문이다.

내 능력이 10이라면 그것으로 100의 효과를 낼 수 있게끔 스토리텔링을 하자, 나와 내가 하고 있는 일에 대한 스토리를 만들고, 동료와 상사에게 알리자, 사내에서 공감이 된다면 그다음에는 고객과 사회에 알리자는 생각을 했고, 그것을 실천했던 것이다. 부끄러움을 꾹꾹 참고서.

나는 회사 설립 5년 차인 2003년 1월, 이립의 나이에 세웠던 뜻대로 사보 〈비타민하우스〉를 만들었다. 지금은 대리점 전환으로 인해 직원 규모가 거의 절반 수준으로 줄어든 상황이지만 그때 비타민하우스 직원은 모두 276명. 소통의 문제를 본격적으로 생각하지 않으면 안 될 상황이 온 것이다.

하지만 그때는 아직 사명을 비타민하우스로 변경하기도 전이었고, CI가 정립되기도 전이었다. 상호 변경과 CI 정립은 같은 해 4월에 이루어졌기 때문이다.

사보를 창간하면서 나는 직원들에게 비타민하우스를 다니는 동안 자기 자신과 자기가 하고 있는 일이 사보에 많이 실릴 수 있도록 하라고 당부했다. 지금도 신입사원들에게 나의 스토리가 사보에 실릴 수 있도록 하겠다는 포부를 가지라는 말을 잊지 않는다.

자랑도 PR도 영업의 일환이라고 나는 생각한다. 같은 회사에서 일하고 있는 동료들에게도 자기 자신과 자기가 하고 있는 일을 자랑하지 못하고, PR 하지 못한다면 고객들이나 우리보다 훨씬 더 큰 회사 MD를 만나 어떻게 자기 자신을, 그리고 우리 비타민하우스의 제품과 서비스를 PR 할 수 있겠는가.

또한 나는 오너로서 직원들의 창의적인 생각을 묵살하지 않기 위해 노력하는 한편, 직원들에게도 자신의 생각을 동료와 상사에게 충분히 알려 설득시키는 것의 중요성을 강조한다. 설득도 결국은 영업이기 때문이다.

그러고 보니 세상에는 영업이 아닌 일이 없다는 생각이 든다. 또 한편으로는 영업을 하려면 어느 것 하나 모자라도 되는 것이 없다는 생각도 든다. 그래서 나는 영업을 잘할 수 있는 사람이라면 어떤 일을 맡겨도 그만큼은 반드시 해낼 수 있을 것이라는 믿음을 갖는다.

진심으로 자기 자신을 표현할 줄 하는 진정성, 상대의 마음을 열기 위해 내 마음을 먼저 열고 다가서는 적극성, 반드시 설득해 상대의 마음을 얻어 내고야 말겠다는 투철한 목표 의식. 이 세 가지는 어떤 일에서든 성공의 조건의 되기 때문이다.

내 취미는 직원 호구조사

소통하지 않는 조직은 이미 죽은 조직이다. 피가 통하지 않으면 괴사(壞死)할 것이고, 수분과 양분이 통하지 않으면 고사(枯死)할 것이며, 산소가 통하지 않으면 질식사할 것이다.

나는 조직의 괴사, 고사, 질식사를 막기 위해서는 부서 간 이기주의를 우선적으로 없애야 한다는 생각을 가지고 있다.

나와 다른 일을 하는 동료에 대한, 그리고 다른 부서에 대한 애정 어린 관심을 갖지 않고서는 진정한 소통은 불가능하기 때문이다.

부서 간 이기주의가 없어지려면 조직 구성원 모두가 스스로 나만 잘 되면 그만이라는 생각, 나만 아니면 괜찮다는 생각을 버리는 것도 중요하다. 하지만 그보다 먼저 조직이나 개인이 혼자서는 잘 될 수 없는 문화, 혼자 모든 책임을 지도록 하지 않는 문화를 만들어 나가야 한다. 그리하여 서로 돕고 협조하는 조직 문화가 확산될 때 부서 간 이기주의도 없어지고, 조직도 소통하고 살아 숨 쉬게 되는 것이다.

나는 비타민하우스 가족은 모두가 영업사원이라고 생각한다. 제품개발자는 보다 좋은 제품으로 고객의 신뢰를 얻을 수 있도록 하는 영업사원이고, 물류팀 직원들은 빠르고 정확한 배송으로 고객의 사랑을 받을 수 있도록 하는 영업사원이다. 지원부서는 지원부서대로 회사의 모든 시스템이 원활히 돌아가 각자가 맡은 일을 잘할 수 있도록 지원하는 영업사원인 것이다. 차이는 현장에서 고객을 직접 만나 영업을 하느냐, 내부에서 간접적으로 영업을 하고 있느냐일 뿐이다.

그래서 비타민하우스는 부서별 인센티브의 차이가 전혀 없다. 성과급의 일종인 인센티브는 목표보다 초과 달성한 매출을 기준으로 지급하는 것이기 때문에 부서별 기여도를 정량화해 차등지급해도 회사 입장에서는 아무런 차이가 없다. 하지만 기여도에 따라 차등지급 받은 직원 입장에서는 남보다 많이 받으면 기분이 좋기도 하겠지만 반대로 적게 받는다면 몹시 언짢은 기분이 들기도 할 것이다. 몹시 기분 좋은 부서가 하나라면 나머지는 모두 언짢은 기분이 들 것이다. 물론 정도의 차이가 있을지는 몰라도.

나는 우리가 매출 목표를 달성하는 데에는 비타민하우스 가족 모두가 고르게 기여했고, 따라서 인센티브도 고르게 지급되어야 한다고 생각한다. 그래서 매년 인센티브를 일괄 지급하고 있다.

대신 우수 부서와 우수 사원에게 포상을 하는데, 이는 직원들의 투표로 결정한다. 우수 부서 후보 셋, 우수 사원 후보 셋을 직원들이 써내면 그중에 가장 많은 표를 얻은 부서와 개인에게 포상을 하는 형식이다. 포상뿐만 아니라 패키지 디자인 시안 등 직원 투표를 통해 결정하는 일이 비타민하우스에서는 아주 많다.

매출이 크게 늘었던 어느 해, 직원 투표를 통해 우수 부서에 선정된 부서는 뜻밖에도 물류팀이었다. 그것도 전 직원 만장일치였다. 매출 증대와 함께 업무가 급증했음에도 불구하고 물류팀이 불평 한 마디 없이 철야까지 해가며 고객이 원하는 날짜에 배송을 맞췄기에 비타민하우스가 고객에게 더욱 신뢰를 받을 수 있었다는 것을 직원 모두 인정하고 있었던 것이다.

일 년에 딱 두 번, 월급 인상과 승진 인사에 대한 것만 결재하기로 하고 모든 권한을 위임한 나는 거의 매일 저녁 외부 약속만 없다면 직원들과 맥주를 마시며 이야기를 나눈다. 벌써 5년째 지속하고 있는 일이다. 특별히 약속을 정하거나 누구를 참석하라 강요하는 것이 아니기 때문에 거의 번개 수준이다. 다른 기업에서라면 연례행사나 월례행사로나 실시할 호프데이가 비타민하우스에서는 매일매일의 일상인 것이다.

나는 그 자리를 일단 직원 호구 조사로 시작한다. 가족 관계, 친인척 관계, 친구 관계, 애정 관계 등 지극히 개인적인 일에 대해서도 서슴없이 묻고 또 직원들은 대답한다. 오죽하면 직원들은 내 취미를 호구조사라고 할 정도다. 나는 호구조사가 됐든 뭐가 됐든 상대의 개인사에 대해서도 어느 정도는 알고 있어야 상대를 제대로 아는 것이라고 생각한다.

그래서 매일 저녁 호구조사를 겸한 호프데이를 실시하고 있으며, 이것이 지천명을 바라보는 나이에 내가 생각해낸 또 하나의 소통 노하우다.

회사는 나에게 매달 월급이라는 장학금까지 주며
평생 먹고 사는 데 필요한 기본기를 가르쳐 준다.
철저한 신분 보장과 생계 보장을 해주면서도
경영학 석박사 과정에서도 가르쳐 주지 않는
실무 경영 수업을 해주는 곳이 바로 회사인 것이다.
그러니 가능한 회사의 모든 업무를 두루 경험해봄으로써
이왕이면 철저한 경영 수업을 받겠다는 자세로
회사 생활에 임해야만 나를 성장시킬 수 있다.

회사는 학교다

졸업생 애프터서비스를 하는 나의 은사님처럼

2002년 3월 어느 날, 나는 한 통의 메일을 받았다. 2001년 안식년을 받아 1년 동안 국립가자마다대학교(UGM)에서 교환교수로 있다가 돌아온 양승윤 교수님이 보낸 메일이었다.

양 교수님은 내 대학 은사님이다. 내가 양 교수님을 은사님이라 칭하는 것은 예우 차원에서 스승이라는 말보다 한 단계 높여 말하기 위한 것이 아니다. '은사(恩師)'라는 단어의 본뜻이 말해주듯 무한한 은혜를 베풀어주신 스승님이기에 꼭 그렇게 부르는 것이다.

대학 시절 고학을 하는 나를 안타깝게 여기신 양 교수님은 알게 모르게 나에게 많은 도움을 주셨다. 지하철에서 신문팔이를 하고 있는 나와 만난 다음 탁자 위에 내팽개치듯 돈 봉투를 던져주셨던 것 하며, 학교 식당에서 배식하고 남는 음식을 실컷 먹을 수 있도록 해주셨던 것 하며, 그밖에도 마음으로 믿어주고, 지지해주고, 용기를 북돋워 주신 것까지 교수님께 받은 은혜는 이루 헤아릴 수가 없다.

한 번은 양 교수님이 일간지에 나에 관한 이야기를 칼럼으로 써서 기고하신 적이 있었다. 제목은 '대한민국 최고의 예비군 중대장'이었다. 졸업을 앞둔 나에게 교수님이 꿈이 뭐냐고 물으셨다. 교수님 앞에서 내 꿈은 '장군'이라고 말하는 것이 어쩐지 유치하다는 생각이 들었다. 그래서 나는 ROTC 장교로 임관해 군 생활을 착실히 한 다음 대위로 제대해서 고향 달도로 돌아가 예비군 중대장이나 하며 어머니와 사는 게 꿈이라고 말했던 적이 있다.

그 이야기를 들은 양 교수님이 순진하고 우직한 완도 출신 청년의 이야기를 칼럼으로 쓴 것이었다. 그런데 그 칼럼을 읽은 어느 독자가 양 교수님께 연락을 해왔더란다. 큰 사업체를 경영하고 있다던 독자는 나를 데릴사위 삼고 싶다며 자신의 무남독녀와 맞선자리를 주선해달라고 했다는 것이다.

양 교수님은 넌지시 내 의향을 떠보듯 물어보셨는데 나는 정색을 하고 거절했다. 왜냐하면 대학 입학 후 나는 줄곧 지금의 내 아내인 달도초등학교 동창생과 사귀고 있었기 때문이다. 아내는 지금도 재미삼아 그 일을 들추며 맞선이라도 한 번 보지 그랬냐며 내 약을 올린다.

그렇게 각별한 관계의 은사님이 보낸 메일이니 반갑지 않을 수가 없었다. 그런데 메일의 내용은 반가움을 넘어 감동에 가까운 것이었다.

양 교수님은 지난 1년 동안 인도네시아에 머물며 국립가자마다대학교에서 강의를 하셨는데, 그 기간 동안 곰곰이 생각해 보니 지난 세월 우리들에게 미처 다 가르치지 못한 것이 너무 많더라는 것이었다. 그래서 앞으로 정년까지 10년 동안 매달 한 번씩 이메일로 졸업생 애프터서비스를 하겠다는 골자의 메일이었던 것이다.

나는 역시 양 교수님이라는 생각을 했다. 그리고 그 후로 10년 동안 양 교수님이 보낸 메일 레터를 하나도 빠짐없이 모았다. 양 교수님이 정년을 맞는 해에 이 레터를 엮어 책으로 내드리기 위함이었다. 그리고 얼마 전, 정년을 맞은 양승윤 교수님께 나는 그 책을 선물로 드렸다. 바로 〈작은 며느리의 나라(2012 삼우반)〉라는 제목의 책이다.

양승윤 교수님은 늘 교수에게는 학문과 제자라는 두 가지 길이 있다며, 당신은 학문이 신통치 않아 제자를 우선하는 교수로 남고 싶다고 하셨다. 물론 겸손의 말씀이라는 것을 누구보다 내가 잘 알고 있다. 하지만 나는 양 교수님께 받은 것이 학문 말고도 너무나 많은 제자다. 그래서 갚아야 할 것이 너무나 많다. 하지만 내 능력으로는 어쩌면 양 교수님께는 직접 그 모든 것을 갚아드릴 수 없을지도 모른다. 그래서 나는 양 교수님께서 나에게 그러하셨듯 나 또한 내 후배들과 우리 비타민하우스 직원들에게 무엇인가 베푸는 사람이 되기로 마음먹었다.

생각해 보면 나는 살아오며 여러 선생님들로부터 많은 영향을 받았던 것 같다. 그중에서도 가장 기억에 남는 두 분의 선생님이 더 계신다.

한 분은 달도초등학교 시절 담임선생님이었던 황옥희 선생님. 과거 민주당(현재 민주통합당) 공동대변인을 맡았던 차영 씨의 어머니이기도 했던 황 선생님은 어떻게든 눈에 띄고 싶어 안달이 난 어린 소년 김상국에게 처음으로 인정받는다는 느낌을 갖도록 해주신 분이다. 지금 생각해보면 유난히 몸이 약했던 그분은 어쩔 수 없이 반장이었던 나에게 교사용 지도서를 주시며 판서를 대신시키기도 했고, 때때로 아이들을 자습시키라고 하실 수밖에 없었다. 그렇지만 어린 나이에 선생님을 대신해 반 아이들을 리드한다는 것을 경험하게 된 나는 부지불식간에 리더의 꿈을 키우게 되었다.

그리고 또 한 분. 역시 달도초등학교 시절 김광선 선생님이다. 그분은 기간제 선생님으로 한시적으로 우리 학교에 부임하셨던 것 같다. 총각 선생님으로 단신 부임해 우리 마을에서 자취를 하셨는데 나를 무척 사랑해주셨다. 선생님의 자취방에서 공부도 하고, 선생님이 해주신 음식도 먹으며 정이 깊이 들었는데, 갑자기 떠나게 되어 나는 선생님이 떠나는 날 울면서 그 뒤를 따라나섰던 기억이 있다. 혹시 그분들이 나를 기억하신다면, 달도에서 가장 가난했던 집의 넷째 아들 김상국을 잊지 않고 계신다면 꼭 한 번 다시 만나 뵙고 싶다.

비타민하우스도 학교다

선생님들에 대한 내 생각을 바탕으로 하면, 비타민하우스는 학교이며, 비타민하우스 직원들은 내 제자들인 셈이다.

나는 학교에서 배울 것도 많지만 세상에는 현장에서 몸으로 부딪히며 배워야 할 것이 훨씬 더 많다고 생각한다. 양 교수님이 말씀하셨던 것처럼 학교가 미처 다 가르치지 못한 것이 아니라 학교는 그럴 수밖에 없었던 것인지도 모른다.

그래서 회사는 학교가 가르치지 못한 것을 배울 수 있는 제2의 학교가 되어야 한다는 것이 내 생각이다. 나처럼 10년이나 졸업생 애프터서비스를 해주는 훌륭한 은사님을 만났다면 다행이지만 그렇지 못했다면 더욱더 회사를 통해 부족한 것을 배워야 한다.

회사는 나에게 매달 월급이라는 장학금까지 주며 평생 먹고 사는 데 필요한 기본기를 가르쳐 준다. 철저한 신분 보장과 생계 보장을 해주면서도 경영학 석박사 과정에서도 가르쳐주지 않는 실무 경영 수업을 해주는 곳이 바로 회사인 것이다. 그러니 가능한 회사의 모든 업무를 두루 경험해봄으로써 이왕이면 철저한 경영 수업을 받겠다는 자세로 회사 생활에 임해야만 나를 성장시킬 수 있다. 그렇게 해야만 회사 생활에서도 자신의 능력을 인정받게 될 것이고, 만약 회사를 떠나 자신만의 회사를 만들어 경영하게 된다 하더라도 도움이 될 것이다.

우리는 내가 아니면 안 되는 나만의 분야를 확고히 하기 위해 부단히 노력하지만 사실 세상에는 내가 아니면 안 되는 일은 그다지 많지가 않다. 그렇다면 내가 무슨 일이든 가능한 전천후 인재가 되는 것이 더 현명한 방법이 아닐까?

생각해보면 대학에 다닐 때도 이왕 정해진 등록금을 내고 다닐 바에야 필요한 강의는 최대한 다 듣겠다는 자세로 수강신청을 했더라면 좋았을 걸 하는 생각이 든다. 학교가 정한 학점만 채우면 그만이라는 생각을 왜 했을까? 지금은 돈을 주고도 들을 수 없는 강의가, 다시 만나기 힘든 유명한 교수님들의 강의가 주변에 얼마든지 있던 그 시절에는 왜 그 생각을 못했을까? 왜 지금은 알고 있는 것을 그때는 미처 알지 못했을까?

늘 이렇게 지난 다음에야 깨달음을 얻게 되는 것이 인생인가 보다.

비타민하우스는 역사에 비해 빨리, 그리고 크게 성장한 회사다. 하지만 비타민하우스는 실질적으로 적립해 둔 돈이 없는 회사이기도 하다. 덩치를 키우고 자금을 축적하는 것보다는 비타민하우스 직원들이 더 다양한 경영 수업과 현장 실습을 할 수 있도록 투자하는 것이 더 급했기 때문이다.

학문과 제자 중에 제자를 선택하셨다던 내 은사님, 양승윤 교수님처럼 나는 경제적 이익추구보다는 우리 비타민하우스 직원들, 아니 비타민하우스 가족들을 선택했다. 나는 비타민하우스라는 학교를 통해 나 김상국 보다 나은 직원이 100명쯤 나오기를 희망한다. 그 편이 회사의 덩치를 키우고, 자금을 축적하는 것보다 훨씬 의미 있는 일이라고 생각한다. 그리고 그 100명의 직원이 나와 같은, 혹은 나보다 훨씬 나은 삶을 살아간다면 비타민하우스는 100개의 계열사를 지닌 대그룹과 마찬가지로 성장할 것이다. 따라서 결과적으로는 지금 당장 회사의 덩치를 키우는 데 주력하는 것보다 훨씬 더 효율적인 성장을 이룩하게 될 것이라는 게 내 계산이다.

나는 비타민하우스가 배출한 수많은 인재들이 이 사회 곳곳에서, 나아가 지구촌 곳곳에서 눈부신 활약을 하며 비타민하우스의 문화와 정신을 전파하게 될 날을 지금도 설레는 마음으로 꿈꾸고 있다.

나는 학교 비타민하우스의 교장, 김상국이다.

혁신과 창의가 강조되는 시대,
모두가 스티브 잡스이기를 꿈꾸는 이 시대에는
남들도 다 하는 뻔한 일로는 절대 성공할 수 없다는 것이
진리인 양 여겨진다.
하지만 정말로 혁신과 창의를 원한다면
뻔한 것에도 귀를 기울여야 한다는 것이 내 생각이다.
나는 원칙주의자는 아니지만, 원칙을 존중하는 사회가
건강한 사회라는 믿음을 가지고 있다.

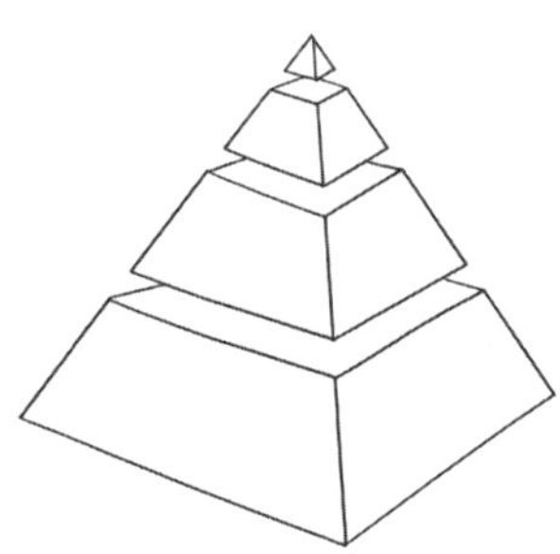

원칙이 존중되는 사회가 건강한 사회다

기본은 사람답게 사는 것이다

나는 사실 원칙주의자는 아니지만 때때로 원칙주의자처럼 생각하고 행동할 때가 있다. 특히 가치 판단의 기준이 혼란스러울 때나 복잡하고 해결하기 어려운 일이 주어졌을 때는 꼭 한 번 원칙을 생각하는 버릇이 있다.

원칙이 모든 일에 통용되는 것은 아니지만 원칙을 지키다 보면 크게 실패할 확률은 줄어든다고 생각하기 때문이다.

내가 생각하는 원칙 중 가장 중요한 것은 사람다움에 대한 것이다.

나는 인격적으로 크게 무시당했다는 느낌이 들지 않는 한 별로 화를 내는 일이 없다. 화를 내지 않는 것이 아니라 아예 화가 안 난다. 하지만 좀처럼 화를 내지 않는 내가 화를 내는 일이 있다. 그것은 사람이 사람답지 않은 말과 행동을 할 때다. 인면수심(人面獸心)이라는 말처럼 사람의 모습을 하고 있으나 말과 행동이 사람 같지 않을 때 말이다.

그런데 그 사람다움의 기준이 참 모호하다. 무엇이 사람다운 것이고, 또 무엇이 사람답지 않을 것일까? 나는 그 기준을 상대를 대함에 있어 그를 '얼마나 인격적으로 대하는가'라고 생각한다. 상대를 인격적으로 대할 수 있는 사람은 사람다운 사람이다. 하지만 상대를 인격적으로 대하지 못하는 사람이라면 그 자신이 사람답지 못하기 때문일 것이다.

조금 극단적인 경우이기는 하지만 최근 인면수심의 대표적인 예로 사회적 물의를 일으키는 아동성폭력범을 예로 들어 생각해보면 훨씬 쉽게 이해가 될 것이다. 아이를 최소한 하나의 인격체라 생각하고 인격적으로 대했다면 그런 극악무도한 범죄를 저지르지는 못했을 것이다. 따라서 아이를 인격적으로 대하지 못한 아동성폭력범은 사람답지 못한 것이다.

이것이 내가 가장 중요하게 생각하는 원칙이다.

두 번째로 중요하게 생각하는 원칙은 부모의 마음과 삶을 이해해야 한다는 것이다.

자기 부모의 마음과 삶을 이해하려는 자세는 타인의 마음과 삶을 이해할 수 있는 기반이 된다. 타인의 마음과 삶을 이해하고 나면 그에 대한 배려심은 저절로 생겨날 것이다. 서로가 서로를 이해하고 배려할 수만 있다면 지금 우리 사회가 안고 있는 갖가지 문제는 70% 이상 해결될 것이다.

나는 신이 우리 인간에게 준 가장 고운 마음은 바로 연민이라고 생각한다. 연민이 있어 우리는 타인을 이해하고 공감할 수 있는 것이다. 그리고 그로 인해 진정한 배려를 할 수도 있게 되는 것이다.

나라고 한때 내가 타고난 운명과 처지를 비관하며 내 부모와 부모가 물려준 가난을 원망했던 적이 없었겠는가. 나는 절대 그런 일이 없었다고 한다면 그것은 틀림없는 거짓말이다. 하지만 나는 대학 시절 고된 아르바이트를 하며 내 부모의 삶을 이해했다. 머리가 아닌 몸으로 직접 체험하며 내 부모의 고단했던 삶을 이해하고 나니 연민과 함께 공감이 밀려왔다. 그리고 이제 나는 내 부모의 누추하고 고단했던 삶이 오히려 자랑스럽다. 왜냐하면 그렇게 힘겨운 삶을 지탱하면서도 사람답게 사는 것이 가장 중요하다는 것을 몸소 알려주신 분들이 바로 내 부모이기 때문이다.

그래서 나는 내 아이들도 몸으로 하는 고생은 얼마든 해도 된다고 생각한다. 이를테면 아르바이트 같은 것을 통해서 말이다. 체력의 한계를 느끼며 노동의 가치와 의미를 깨달아가는 것. 그것은 매우 소중한 경험이 될 것이다.

사람이 사람답게 사는 방법을 배워야 할 곳은 가정이고, 스승은 부모다. 그러나 공부만 잘하면 되고 궁극적으로 돈만 잘 벌면 된다는 생각으로 무책임하게 자식을 키운 이 땅의 수많은 부모들은 그 모든 책임을 사회에 전가하고 있다. 그러나 사회는 사람답게 사는 방법을 가르쳐 주는 곳이 아니다. 사람다운 사람이 모여 보다 아름다운 사회를 향해 발전해나가는 곳, 그곳이 바로 사회인 것이다.

사람들은 이 사회가 정이 없고 메말랐다고 말하지만 정작 정 없이 메마른 이 사회를 구성하고 있는 것은 우리들 자신이다. 정말 사회의 문제인지 아니면 우리들 자신의 문제인지 냉정하고 심각하게 생각해볼 필요가 있다.

나는 내 부모가 그러했듯이 솔선수범을 통해 조직원들을 리드하고, 그 안에서 또다시 자발적 리더십이 발현되도록 하는 가슴 따뜻한 리더가 되고 싶다.

뻔한 이야기에도 귀 기울여야만 하는 이유

요즘 세상에 이런 말을 하는 사람이 다 있나 싶을 수도 있지만 나는 스승을 섬기고 존경하는 것이야말로 우리가 놓쳐서는 안 되는 원칙 중의 하나라고 생각한다.

스승은 자신이 평생을 걸고 이룬 학문적 성과를 아낌없이 그리고 대가 없이 나누어주는 사람이다. 또한 앞으로 내가 걸어가야 할 길에 가장 큰 이정표가 되어줄 사람이며, 그 길을 걷다가 지치고 힘이 들면 언제든 되돌아와 쉬어 갈 베이스캠프와도 같은 사람이다. 그런 스승에 대한 존경과 감사를 모르는 사회라면 그 누구에게도 감사할 줄 모르는 사회가 될 것이기 때문이다.

흔히 요즘은 참스승이 없다는 말로 스승에 대한 존경을 외면하는 우리의 태도를 합리화한다. 그러나 이 문제는 닭이 먼저냐 달걀이 먼저냐 하는 오랜 논쟁과 다를 것이 없다. 참스승을 인정하지 않고, 스승에 대한 어떤 존경심도 감사도 없는 우리들 스스로 참스승의 존재 이유를 없애버린 것일 수도 있기 때문이다.

나는 책을 그리 많이 읽는 편은 아니지만 책 읽는 것을 좋아한다. 특히 고전을 즐겨 읽는다. 고전을 탐독하다 보면 과연 인류가 그동안 눈부신 발전을 했다는 것이 사실이기는 한 것일까 하는 의심마저 든다. 지금 우리 사회에서 크게 공감되고 회자되고 있는 것들 중 대부분이 고전에 그 뿌리를 두고 있다는 것을 깨닫게 되기 때문이다.

현대의 수많은 지성과 철학자들이 저마다 자신의 사상과 철학을 정립해 엄청나게 많은 저술을 했지만 결국 그 뿌리는 거의 다 고전에서 찾을 수 있다. 결국 고전의 새로운 이해 또는 재해석에 지나지 않는 것 같다. 그래서 어쩌면 지금까지 내가 한 이야기도 결론적으로 요약하면 거의 그 범주 안에 머물러 있는 누구나 다 아는 이야기일지도 모른다.

혁신과 창의가 강조되는 시대, 모두가 스티브 잡스이기를 꿈꾸는 이 시대에는 남들도 다하는 뻔한 일로는 절대 성공할 수 없다는 것이 진리인 양 여겨진다. 하지만 정말로 혁신과 창의를 원한다면 뻔한 것에도 귀를 기울여야 한다는 것이 내 생각이다. 진리는 대부분 뻔한 것이기 때문이다.

다시 한번 말하지만 나는 원칙주의자는 아니다. 하지만 원칙을 존중하는 사회가 건강한 사회라는 믿음을 가지고 있다. 나는 나와 우리 비타민하우스가 비타민뿐만이 아니라 원칙에 대한 존중으로 이 사회의 건강에 기여할 수 있기를 바란다.

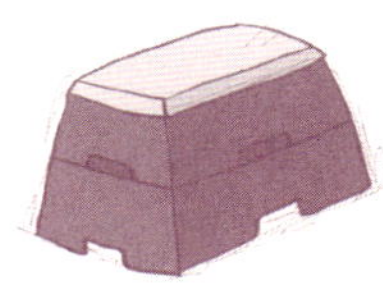

모든 인간관계는 결국

기브 앤 테이크(Give & Take)라고 생각한다.

하지만 항상 문제가 되는 것은 누가 먼저 줄 것인가 하는 것이다.

우리는 서로서로 조금이라도 나중에 주려고 애쓴다.

하지만 영어의 '기브 앤 테이크'나

우리말의 '주고받다'라는 단어에 이미 그 정답이 있다.

먼저 주고 그다음에 받는 것이다.

대인 관계에서 60%를 내주고

40%를 받으면 성공한 사람이고, 행복한 사람이다.

나는 내 생애
가장 탁월한 선택을 믿는다

사장보다 더 좋은 차를 타는 비타민하우스 직원들

배를 타고 바다에 나가 고기를 잡아 살아가는 페루의 한 부족 마을이 있다. 아마도 페루에도 달도와 같은 마을이 있는 모양이다. 그 마을 사람들은 바다로 나가기 전 반드시 낚싯대와 대화를 나눈다고 한다.

"너는 바다에 나가 고기를 가장 잘 낚는 훌륭한 낚싯대가 될 거야!"

물론 낚싯대를 묵묵부답일 것이다. 하지만 그들은 바다에 나가기 전에는 항상 잊지 않고 이렇게 말한다.

"너는 분명 바다에 나가 고기를 가장 많이 낚는 훌륭한 낚싯대가 될 거야!"

나는 매일매일 우리 비타민하우스 가족들이 최고라는 생각을 하고, 기회가 있을 때마다 그렇게 말한다. 빈말이 절대 아니다. 나는 정말 우리 비타민하우스 직원들이 최고의 직원이라는 생각과 기대를 하고 있다. 그래서 나는 세상에서 가장 고기를 잘 낚는 낚싯대에 모든 권한을 위임하고 있는 것이다.

나는 개인적인 욕심이 별로 없는 사람이다. 옷은 단정하게 어울리고 깨끗하면 그만이고, 음식도 내 입에 맞으면 그만이다. 집도 살기 편할 정도면 되고, 차도 내가 타고 다니는데 큰 불편이 없으면 된다. 유일하게 내가 욕심을 내는 것이 있다면 그것은 사람이다. 나는 사람에 대한 집착이 강한 편이라 일단 한 번 맺은 인연은 무조건 끝까지 간다는 생각을 가지고 있다.

잠시라도 우리 비타민하우스를 거쳐 간 사람이라면 그들은 모두 비타민하우스의 가족이라고 생각한다. 비타민하우스를 떠났다가도 다시 돌아온다고 하면 언제든 다시 받아준다. 본사 직원을 기준으로 약 10%가 한 번 퇴사했다가 다시 돌아온 재입사자이고, 심한 경우 9번 퇴사했다가 9번 재입사한 직원도 있다. 나는 아마 그가 10번째 퇴사를 해도, 그리고 다시 돌아와도 그를 똑같이 반길 것이다. 개인적 사정으로 피치 못하게 회사를 그만둘 수밖에 없어 사직서를 내고도 송별회 자리에서 마음을 바꿔 다시 다니고 있는 직원도 있다.

한 번 마음이 떠났던 사람을 뭘 믿고 그렇게 아무렇지도 않게 받아주느냐고 말하는 사람도 있지만 한 번 떠났던 마음이 되돌아오기가 얼마나 어려운지 모르고 하는 말이라고 나는 생각한다. 떠날 마음을 먹는 것보다 열 배 이상 더 강한 힘으로 흔들리는 마음을 붙잡아야 돌아올 수 있기 때문이다. 물론 10여 년 사이 9번이나 떠났다 돌아온 사람도 있기는 하지만 말이다.

비타민하우스는 사장은 국산차를 타도 직원들은 외제차를 타는 회사로도 소문이 났다. 물론 그 정도로 월급이 많아서는 아니다. 나는 본부장으로 승진해 나로부터 모든 권한을 위임 받은 두 상무에게 외제차를 선물하기로 했다. 물론 회사 차원에서의 선물이다.

동갑내기인 그들은 비타민하우스 창립 멤버이기도 하다. 이제는 둘 다 30대 후반이지만 처음 우리가 만났을 때만 해도 그들은 20대의 풋풋한 청년들이었다. 광주가 고향인 추광엽 상무와 함평 출신의 순박한 청년이었던 윤정석 상무가 그 주인공들이다.

특히 공장대표이사 겸 생산본부장을 맡고 있는 추광엽 상무는 광주국제고등학교 출신의 소위 엄친아였다. 하지만 무슨 이유에서인지 고등학교 입학 후 부모 속을 무던히도 썩였다고 한다. 학교를 가는 날보다는 안 가는 날이 더 많아 어머니가 학교에 더 자주 드나들었다는 소문이 났을 정도다. 우여곡절 끝에 학교를 마치기는 했지만 당시 담임선생님이 졸업장은 어머니가 받아야 한다고 하셨을 정도란다.

명문 고등학교를 정문으로 들어가 뒷문으로 졸업한 추광엽 상무는 우리 회사에 입사해 지금까지 단 한 번도 곁눈질하지 않고 누구보다 열심히 일을 하고 있다. 아마도 고등학교 시절이 그에게는 질풍노도의 시기였던 모양이다.

추광엽 상무가 나와 함께 드링크 제품 영업을 하던 시절, 몇 달이나 월급을 모아 소형 중고차를 한 대 샀다. 사무실 앞에 차를 세워

두고 얼마나 애지중지하던지 나는 이 친구가 차를 어지간히도 좋아하는구나 하는 생각을 했었다. 그러던 어느 날 그 차로 함께 거래처에 가기로 하고 사무실을 나서는데, 이 친구가 갑자기 자기 양복 소매로 차의 문고리 근처를 쓱 닦고는 차에 타는 것이었다.

무거운 드링크 박스를 직접 들고 날라야 하던 시절이었지만 반드시 말끔하게 양복 차림을 하고 다니기로 했는데, 그 양복으로 차를 닦다니. 얼마나 차가 좋으면 저렇게까지 하나 싶었다. 그때 나는 우리가 성공을 하면 꼭 저 친구에게 근사한 차를 한 대 사주리라 결심했다.

그리고 그 약속을 지킨 것이다. 창립 멤버로서 오늘의 비타민하우스가 있기까지 누구보다 열과 성을 다했던 두 친구, 든든한 후배이자 동료이며, 이제는 나를 대신해 비타민하우스를 위한 모든 중책을 맡아 줄 추광엽 상무와 윤정석 상무에게 나는 내 진심을 이렇게라도 표현하고 싶었다.

물론 비싸고 고급스러운 외제차라서 내 마음의 깊이를 더 표현할 수 있다고 생각한 것은 아니었다. 이왕 선물할 바에야 자신들이 원하는 차종으로 선물하려고 했던 것인데, 알고 보니 추광엽 상무는 차종별 특성을 줄줄 꿰고 있을 정도로 자동차 마니아였다. 하기야 양복 소매로 차를 닦는다는 게 아무나 할 수 있는 행동은 아닐 것이다. 그런 추 상무가 꼭 한번 타보고 싶었던 드림 카가 하필 그것이라니 사줄 수밖에.

빚을 내서 보너스를 주는 회사

비타민하우스는 서울에 진출한 이래 지금까지 서울에 직원 숙소를 운영하고 있다. 본사는 광주, 제1공장은 담양에 두고 있는 비타민하우스는 호남지역을 기반으로 하는 기업인만큼 지역 출신 직원이 대부분이다. 그들이 서울에 주거지를 마련한다는 것이 쉽지 않다고 생각했기 때문이다. 물론 그만큼 충분한 급여를 줄 수 있다면 좋겠지만 그게 아니라면 적어도 잠잘 곳이 없어 고민하거나 회사를 옮길 생각을 하지는 않아야 한다고 생각했기 때문이다.

서울사무소를 마련하고부터는 서울사무소 근무 직원은 회사 근처에 정해둔 식당에서 하루 세끼를 마음대로 먹을 수 있도록 했다. 광주본사나 담양공장은 구내식당이 있어 이를 해결할 수 있지만 서울사무소 직원들에게는 그런 편의를 제공할 수 없어 궁여지책으로 마련한 방법이었다.

심지어 술집도 정해두어 퇴근 후 동료들과 혹은 친구들과 술잔을 기울일 때도 빠듯한 주머니 사정은 잠시 접어두고 생각하지 않을 수 있도록 했다. 그래서 서울사무소 밥값만도 매달 적지 않게 지출되고 있다.

하지만 나는 그게 하나도 아깝지가 않다. 가족이 적어도 잠잘 곳과 먹을 것 걱정은 하지 않고 살 수 있도록 하는 것이 가장인 내 책임이라고 생각하기 때문이다.

2007년 비타민하우스 부도설로 인한 위기를 극복한 직후 매출이

손익분기점을 넘는 시점에, 나는 대리점주들에게 인센티브를 주기로 했다. 물론 인센티브를 주고 나면 회사는 다시 적자 상황이 된다는 것을 모르지는 않았다. 하지만 어려운 시기를 극복하기 위해 마음을 다해 주었던 대리점주들의 노고를 모르는 척 할 수는 없었다. 그런데 참 신기한 것이 진심은 항상 통한다는 것이었다. 적자를 감수하고 인센티브를 배분하자 대리점주들이 금액의 고하를 떠나 진심으로 감동한다는 것을 알 수 있었다.

2011년 3월, 일본 대지진과 후쿠시마 원전 사고의 여파로 요오드 함유 비타민의 판매가 급증하는 바람에 회사는 때아닌 비상사태를 맞았다. 판매 물량을 대기에 바빴기 때문이다. 물류팀은 며칠째 밤샘 근무를 해야 했고, 생산라인 또한 쉬지 않고 돌려야 했다. 분당 1,050만 원의 경이적인 기록으로 인한 비상사태였다.

그러나 모든 사업이 그러하듯 매출이 올랐다고 해서 그것이 바로 이익으로 남는 것은 아니다. 자금이 순환되는 일정 정도의 시간이 필요하기 때문이다. 하지만 물량을 대기가 바쁠 정도로 매출이 올랐는데 아직 자금이 돌지 않았다고 시치미를 떼고 있을 수는 없었다. 나는 경영진의 반대를 무릅쓰고 빚을 내서라도 당장 보너스를 지급하라고 했다. 다른 권한은 다 위임했어도 급여에 대한 권한만큼은 아직 나에게 남아 있었기 때문이다. 그래서 정말 2011년 5월, 빚을 내서 직원들에게 보너스를 지급했다.

그때도 비타민하우스 직원들은 빚내서 보너스 주는 회사는 세상에 비타민하우스 밖에 없을 것이라면서도 그 사실에 무척 자부심을 느끼는 눈치였다. 사기충전 효과는 말할 것도 없었다.

나는 모든 인간관계는 결국 기브 앤 테이크(Give & Take)라고 생각한다. 하지만 항상 문제가 되는 것은 누가 먼저 줄 것인가 하는 것이다. 우리는 서로서로 조금이라도 나중에 주려고 애쓴다. 하지만 영어의 '기브 앤 테이크'나 우리말의 '주고받다'라는 단어에 이미 그 정답은 있다. 먼저 주고 그다음에 받는 것이다.

대인 관계에서 60%를 내주고 40%를 받으면 성공한 사람이고, 행복한 사람이라는 말이 있다. 내가 한 개를 주었으니 한 개를 되돌려 받겠다는 생각을 버려야 한다. 더 많이 주고, 먼저 줄 때 상대는 나에게 비로소 무엇인가를 되돌려 줄 마음이 생기기 때문이다.

내가 먼저 마음을 열면 상대도 마음을 열게 되어 있다는 법칙은 회사 경영에서도 반드시 적용된다. 그리고 내가 더 활짝 열어야 상대도 활짝 열 마음이 생긴다는 것도.

영업에서도, 회사 경영에서도 두루 통용되는 이 법칙은 결국 인생의 법칙이다.

비타민하우스만의 인사법, 허그는 무한 신뢰

비타민하우스의 독특한 문화 중의 하나는 허그(hug) 인사법이다.

현장 실습을 포함한 일주일간의 신입사원 연수기간 중 우리는 허그의 의미에 대해 만 하루 동안 교육을 하곤 했다. 양팔을 벌려 가슴과 가슴을 맞댄 다음, 각자의 양팔을 상대에게 맡기는 허그는 아무런 조건도 없이 완벽하게 무장해제된 상태를 의미하며, 서로에 대한 무한한 신뢰 없이는 불가능한 일이다.

미국 영화에서 서로 죽일 기세로 달려들어 치고받고 싸우던 두 사람이 화해의 순간 하는 것이 바로 이 허그다. 얼굴에는 아직 분이 풀리지 않은 기색이 역력한데도 조금은 못마땅한 듯 양팔을 벌리고는 일단 가슴을 맞댄다. 그리고 상대의 어깨와 허리춤에 내 두 팔을 살짝 대었다 뗀다. 그러면 결투는 이제 종결이다. 그렇게 허그로 인사를 나눈 다음 다시 돌아와 맞붙는 일은 절대 없다.

그래서 나는 허그 인사법을 좋아한다. 가족들과도 허그로 인사할 때가 많다. 키가 170센티미터나 되는 대학생 딸과도 시도 때도 없이 부둥켜안고 스킨십을 할 정도다.

허그는 가족 같은 분위기를 넘어 우리 모두를 진짜 가족이 되도록 하는 끈끈한 정(情)과 연대감의 발원지라고 나는 생각한다. 그런 의미에서 비타민하우스는 사내 커플도 적극 장려한다. 사내 커플이야말로 더 이상의 부연설명이 필요 없는 가족이기 때문이다. 사내 커플이 탄생하면 나는 주례도 자청하다. 그러다 보니 나는 마흔도 되기 전에 이미 여러 차례 주례를 선 경험이 있다.

나는 앞으로 나를 비롯해 모든 우리 비타민하우스 가족들이 이 세상을 허그할 수 있는 넉넉한 품을 지닐 수 있기를 소망한다.

세상과 소통하지 않으면 세상 밖으로 밀려날 수밖에 없다

세상과 비타민을 나눌수록 비타민하우스는 커진다

받아도 기쁘고 줘도 기쁜 것이 선물이다.

그중에서도 비타민 선물은 그 기쁨이 몇 갑절로 불어난다고들 한다. 왜냐하면 비타민을 선물한다는 것은 건강을 선물하는 것이라는 느낌을 주기 때문이다. 너무 비싸지도, 그렇다고 싸지도 않은 비타민 한 병으로 주고받을 수 있는 마음의 크기가 생각보다 훨씬 큰 모양이다.

게다가 비타민은 필수영양소다. 탄수화물, 단백질, 지방과 더불어 비타민, 무기질은 필수 5대 영양소 중 하나이다. 다시 말해 먹어도 되고 안 먹어도 그만인 선택적 영양소가 아니라 생명 유지를 위해 반드시 필요한, 꼭 먹어야 할 영양소라는 의미다.

따라서 비타민을 선물했다는 것은 우리가 건강하게 살아가는 데 반드시 필요한 다섯 가지 영양소 중 한 가지를 선물한 것이 된다. 이만저만 기분 좋은 일이 아닐 수 없다.

비타민하우스가 비타민 판매를 시작한 이후 나는 나와 관련된 모든 커뮤니티에 비타민을 협찬한다. 그 양이 얼마나 될지 집계조차 해보지 않아 파악이 안 되고 있는 수준이다. 나뿐만 아니라 우리 직원들도 각자 알아서 어딘가에 비타민을 협찬하고 있을 것이다.

개인적 친분이 있는 커뮤니티뿐만 아니라 비타민을 필요로 하지만 사 먹을 형편이 되지 않는 군부대나 아동보호시설 등에게도 많이 보낸다. 또 특별히 요청해오는 곳이 있으면 거의 거절하지 않는 편이다. 2011년 5월에는 비타민하우스 본사와 제1공장이 있는 광주와 담양 지역 독거노인들에게 6개월분의 비타민을 무상으로 제공한 적도 있다. 시가로 약 2억 원어치에 달했다.

비타민 팔아서 돈 버는 회사가 그렇게 비타민을 퍼주면 어떻게 하느냐고 묻는 사람들이 있다. 하지만 나는 퍼줘야 할 곳은 퍼주고 팔 곳은 팔자는 주의다. 세상과 소통하지 않으면 결국 세상 밖으로 밀려날 수밖에 없기 때문이다.

사실 현재 비타민하우스의 규모를 생각할 때 좀 더 돈을 번 다음에, 좀 더 여유가 생겼을 때 나눠도 된다고 생각할 수도 있다. 그런데 돈을 번 다음에 좋은 일을 하려고 마음먹으면 꼭 계획보다 늦어진다. 조금 더 벌고 나면 조금만 더 벌고 시작해도 늦지 않겠다는 마음이 생기고, 조금 여유가 생기고 나면 이보다는 더 확실한 여유가 생겼을 때 더 많이 하자는 마음이 드는 것이다. 채워도 채워도 부족한 마음이 드는 것이 사람의 어쩔 수 없는 욕심인 것 같다.

조금 모자라고 부족하더라도 좋은 일의 씨앗은 일찌감치 뿌려놓아야 먼 후일 무성한 나무로 성장해 더 넓게 가지를 쳐나가고, 더 굳건하게 뿌리를 뻗어 나갈 수 있게 된다고 나는 생각한다.

중소기업이 대기업과 경쟁해 절대적으로 밀릴 수밖에 없는 부분이 있다면 바로 광고홍보다. 특히 TV 광고는 중소기업 입장에서는 거의 천문학적이라 느껴질 수준의 비용이 들기 때문에 감히 엄두도 못 낼 일이다. 하지만 비타민하우스는 협찬과 나눔을 통해 그 효과를 톡톡히 누리고 있다. 우선 규모에 비해 훨씬 적극적으로 비타민 제품을 협찬하고 나누고 있자니 외부에서 우리를 보는 시각도 달라졌다. 비타민하우스를 실제 규모보다 열 배 이상 크게 보는 데에도 이 영향이 분명 있을 것이다. 이것이야말로 황소 뒷걸음질치다 개구리 잡은 격이다. 회사 규모를 부풀리자고 비타민을 퍼준 것은 아니었기 때문이다.

결과적으로 비타민하우스는 건강한 기업이라는 이미지를 강하게 심게 되었다. 비타민과 건강기능식품을 만들어 파는 기업이니 당연한 것 아니냐고 할 수도 있지만 절대 그렇지가 않다. 실제로 모든 건강기능식품 회사가 다 건강한 기업의 이미지를 갖고 있지는 않으니 말이다.

나는 이 모든 일이 세상과 소통하려는 비타민하우스의 정신으로 시작된 일이며, 그 작은 씨앗의 결과가 벌써 이렇게 찬란한 꽃을 피우기 시작한 것이라고 생각한다.

건강한 기업 이미지로 박지성 선수와 모델 계약

축구선수 박지성을 모델로 기용하고 박지성 비타민까지 출시하고 나니 업계에는 비타민하우스가 정말 많이 컸다는 소문도 돌았다고 한다. 물론 비타민하우스는 매일매일 쑥쑥 크고 있는 기업이기는 하지만 축구선수 박지성을 모델로 기용할 만큼 그 규모가 성장한 것은 아직 아니다.

그런데 우연치 않은 기회에 박지성 선수의 에이전트와 연이 닿는 사람을 알게 되었는데 그 사람의 제안과 주선으로 의외로 일이 쉽게 성사되었다. 그것도 계약금도 없이 판매 수량에 따라 러닝 개런티로 모델료를 지급하기로 계약했으니 비타민하우스로서는 합리적인 지출로 좋은 기회를 얻은 셈이었다.

나중에 안 일이지만 처음에는 에이전트에서 거절을 했다고 한다. 이유는 마침 모 제약회사의 비타민 제품 모델로 이미 계약이 되어 있었기 때문이었다. 그런데 이미지 관리에 까다롭기로 소문난 박지성 선수가 보기에 그 제품이 영 신통치 않았던 모양이다. 결국 그 제품과는 이미지가 맞지 않는다는 이유로 계약을 파기하고, 우리에게 다시 연락을 해 온 것이다.

처음에는 에이전트에서 계약금을 요구했지만 우리는 그럴 형편이 아니라며 계약금을 요구한다면 어쩔 수 없이 없었던 일로 해야겠다고 말했다. 참 어이가 없었을 것이다. 그런데 어쩐 일인지 박지성 선수 측에서 그 조건을 받아들였다. 그뿐이 아니다. 맨체스터 유나이티드에서 함께 뛰었던 절친 에브라 선수가 우정 출연까지 해주었다. 물론 모델료도 없이.

박지성 선수를 만나 확인해본 것은 아니지만 아마도 국가대표 비타민, 비타민하우스와 자신의 이미지가 잘 맞는다는 생각을 박지성 선수도 했던 것은 아닐까 추측한다. 그래서 우리는 우리끼리 대단한 자부심을 갖고 있다. 박지성 선수를 광고모델로 기용할 수 있다는 것 자체에 자부심을 갖는 것이 아니라 박지성 선수가 우리 비타민하우스를 선택해주었다는 것에 대한 자부심인 것이다.

우리는 돈으로도 할 수 없는 일을 또 사람으로, 사람의 힘으로 해낸 것이다.

그런데 한편으로는 돈으로 하는 일이 어쩌면 가장 쉬운 일인지도 모르겠다는 생각도 든다. 왜냐하면 돈만 있으면 얼마든 할 수 있는 일이니 말이다. 조금은 궤변 같지만 그런 의미에서 나는 비타민하우스가 우리 사회를 위해 더 많이 나누고, 더 많은 기여를 하기 위해서라도 지금보다 훨씬 더 성장해야 한다고 생각한다.

비타민하우스는 지금까지 약국 내 숍인숍, 상담영양사 제도, 고객맞춤형 비타민에서부터 DIY(Do It Yourself) 비타민 시스템에 이르기까지 다양하고 새로운 콘셉트로 국내 비타민 시장을 선도하고 새로운 마케팅 모델을 제시해왔다. 그리고 이제 똑같은 콘셉트로 해외 시장에 진출, 최고의 비타민, 최고의 서비스로 해외 시장을 재패하기를 꿈꾸고 있다.

중국을 시작으로 싱가포르, 이란 등 동남아시아와 서남아시아 진출의 교두보를 마련한 비타민하우스의 꿈은 이제 세계 시장이다.

건강한 사회를 지키고 사람을 살리는 기업으로 역사에 남고 싶어

나는 비타민하우스를 내 목숨과 같이 생각하는 사람이지만 비타민하우스가 내 것이라고는 생각하지 않는다. 장사를 접고 사업을 시작하는 순간부터 지금까지 한 번도 이 마음이 변한 적이 없다. 물론 자식들에게 물려줄 마음은 애초에 없었다. 모르긴 해도 아이들도 그런 기대는 꿈에도 하고 있지 않을 것이다.

지금까지 살아온 내 인생 중 절반은 가난하고 궁핍했었다. 그래서 늘 그 가난과 궁핍을 벗어나기 위해 남보다 배 이상 노력해야 했다. 하지만 그 시절을 잘 견딜 수 있었던 것은 나 혼자만의 힘은 아니었다고 생각한다. 광주에서 고등학교 다니던 시절부터 쌀이며, 김치며, 밑반찬을 나눠주었던 친구들, 참고서를 사주었던 친구들, 그리고 물심양면으로 도와주고 힘이 되주었던 교수님…. 그분들이 없었더라면 나는 지금보다 훨씬 덜 행복했을 것이다. 그리고 어쩌면 지금만큼 성공할 수 없었을지도 모른다.

나는 이제 그 고마운 마음을 이 사회에, 그리고 이 세상에 전하고자 한다. 살면서 이렇게까지 여유가 많았던 적도 없으니 이제 그 여유를 나도 누군가와 나눠야 하지 않을까? 나 혼자 쓰기에는 너무 많으니 조금 나눠도 되지 않을까?

그래서 나는 이제 내가 가진 자산과 재능을 이 사회를 위해 사용하며 살아가고자 한다.

비타민은 예방의학 차원에서 상당히 중요한 비중을 차지하는 영양소다. 비타민의 충분한 섭취는 감기를 비롯한 다양한 바이러스성 질환을 예방하는 효과가 크기 때문이다. 그러면 감기 및 바이러스성 질환자를 치료하는 데 드는 의료비를 절감할 수 있고, 절감된 의료비는 희귀병이나 난치병 환자에게 쓸 수 있게 된다. 따라서 의료비의 효율적 사용에도 크게 기여하는 것이 바로 비타민이다.

나는 무엇보다 이 사실을 널리 알리고 싶다. 비타민 더 팔아 돈이나 더 벌겠다는 흑심이 절대 아니다. 윤리 교과서에나 나올 법한 소리지만 나는 내가, 그리고 우리 비타민하우스가 보다 건강한 사회 구현에 기여하기를 바란다. 돈이나 명성이 아닌 이 사회를 보다 건강하게, 보다 발전적으로 만드는 데에 미미하게나마 어떤 족적을 남길 수 있기를 희망한다.

건강한 사회를 지키고, 사람을 살리는 기업 비타민하우스, 그리고 건강한 사회를 지키고, 사람을 살리는 데 기여한 사람 김상국. 이것이 지금 나의 꿈이다.

인생의 네 번째 원칙 ▼ 4

정상에 섰을 때 가장 겸손하라

내 자식들이 나를 지켜보고 있다

마지막으로 내가 인생의 원칙으로 생각하고 있는 것은 정상에 섰을 때 가장 겸손하라는 것이다.

자신의 현실과 처지를 직시하고 인정한 다음 끊임없이, 그리고 실패에 대한 두려움 없이 노력하고 또 노력하라. 그리고 마침내 정상에 섰을 때에는 가장 겸손하라. 결국 내 인생의 원칙은 이렇게 요약될 수 있다.

벼는 익을수록 고개를 숙이고, 사람은 정상에 섰을 때 반드시 허리를 굽혀 아래를 내려다볼 줄 알아 한다고 생각한다. 그런데 나는 몇 년 전 두고두고 부끄럽고 후회스러운 일을 한 적이 딱 한 번 있다.

딸아이가 고3이었던 때의 일이다.

아내가 바쁜 일이 있었던지 내가 출근길에 딸아이를 학교 앞까지 데려다 주게 되었다. 딸은 집에서 제법 먼 거리에 있는 학교를 다니고 있었다.

집에서 나설 때부터 영 표정이 좋지 않았던 딸은 학교에 도착하기도 전 한 블록쯤 전에서 내려달라고 했다. 이왕이면 학교 앞까지 가자고 했지만, 딸은 계속 고집을 피웠다. 어쩔 수 없이 딸이 원하는 곳에서 차를 세웠는데, 아이는 차에서 내리더니 뒤도 한 번 안 돌아보고 쌩하니 걸어가 버렸다.

나는 내심 서운한 마음에 저녁에 집으로 돌아와 딸아이에게 왜 아빠한테 인사도 없이 그렇게 서둘러 가버렸냐고 물었다. 그러자 딸아이는 새삼 잔뜩 골이 난 표정으로 이렇게 말했다.

"다음부터 그 차 타고는 절대 학교에 오지마!"

나는 순간 뒤통수를 세게 한 대 얻어맞은 느낌이었다.

얼마 전 나는 주변의 성화에 못 이겨 자동차를 바꿨던 것이다. 주차장에 세워두면 아무도 비타민하우스 대표의 차일 것이라 생각하지 못할 정도로 작고 낡은 차를 나는 오랫동안 타고 다녔다. 그런데 주변에서 어찌나 성화를 해대는지 차를 바꿀 수밖에 없었다. 회사의 격에 안 맞는다느니, 영업하는 사람은 남의 이목도 생각할 줄 알아야 한다느니 이런저런 말들이 많기는 했다. 하지만 생각해보면 그 모든 것은 다 핑계였다.

나는 그때 아주 잠깐이나마 초심(初心)을 잃었던 것이다. 새로 바꾼 차는 국내 승용차 중에서는 가장 큰 차였다. 대기업 총수들이 한 대씩 가지고 있는 국산차라니, 나는 사지 말았어야 할 차를 사고 만 것이다.

안 그래도 후회를 하던 중이었다. 내가 정말 초심을 잃은 것은 아니었나 하는 생각에 살짝 부끄럽다가도 조금 과분한 차를 산 것이 문제가 될 뿐 차를 바꾸기는 바꿨어야 했다는 생각에 내 행동을 합리화하기도 하며 마음이 오락가락 갈피를 못 잡던 중이었다.

그런데 딸아이까지 그 차로는 절대 학교 앞까지 갈 수 없다고 단호하게 말하니 나는 도저히 얼굴을 들 수가 없었다.

며칠이 지나 겨우 평정심을 되찾은 다음 나는 딸에게 친구들이 아빠가 비타민하우스 사장인 걸 아느냐고 물었다. 딸아이는 아무렇지도 않게 당연히 모른다고 대답했다. 그래서 나는 아빠가 비타민하우스 사장이라는 걸 친구들이 알면 친구 집에서도 비타민하우스 비타민을 사 먹을 텐데 왜 말하지 않았냐고 다시 물었다. 그러자 딸은 한심해죽겠다는 듯 이렇게 말했다.

"아빠! 내 친구들 중에는 아빠가 일찍 돌아가셔서 안 계신 애도 있고, 엄마 아빠가 어렸을 때 이혼해서 엄마랑 사는 애도 있어. 그런데 내가 친구들한테 우리 아빠가 비타민하우스 사장이라고 말하면 그게 자랑밖에 더 되겠어? 나는 끝까지 절대 말 안 할 거야. 그러니까 아빠도 내 친구들한테까지 비타민 팔려고 하지마."

아니 언제 저렇게 철이 들었을까? 언제 저렇게 속이 꽉 찼을까? 나는 딸아이가 대견해서 눈물이 다 날 지경이었다.

나는 분에 넘치게 크고 고급스러운 자동차를 산 것을 지금까지도 후회하고 있다. 무엇보다 내 자신에게 부끄럽고, 내 아이들에게 부끄럽기 때문이다. 세상 사람들의 이목은 그다음 문제다.

내가 이 책을 내기로 결정하기까지 고민이 많았던 이유도 어쩌면 내 인생의 네 번째 원칙을 생각했기 때문일 것이다.

나는 단 한 번도 나 혼자의 성공을 꿈꾸지 않았다

나는 내가 하는 일이 더 이상 장사가 아니라 사업이라는 생각을 하면서 한 가지 다짐을 했다. 그것은 어떤 상황에서도 절대 내 것 먼저 챙기지 않겠다는 것이었다.

나는 소대장으로 군 복무를 하던 시절에도 소대원들에게 최후의 5분, 절대 배신하지 않는 사람이 되자는 당부를 했었다. 그 말 또한 최후의 5분까지 자기 자신을 먼저 챙기지 말자는 의미다. 나는 이 초심을 지키고자 부단히 노력해왔다.

자신의 사업체를 꾸리려는 계획을 가지고 비타민하우스를 떠난 수많은 직원들이 절대 김상국 대표처럼 살지 않겠노라 다짐하던 모습을 나는 수없이 봐왔다. 그리고 그들이 그 다짐대로 사업이 조금 잘 된다 싶으면 차림새가 변하고, 자동차가 바뀌고,

사는 집을 옮기는 것을 많이 봤다. 하지만 나는 내 초심을 잃지 않았다. 마침내 정상에 섰을 때 가장 겸손하라는 내 인생의 네 번째 원칙을 지금도 잊지 않고 있다.

내가 내 것을 먼저 챙기려는 마음을 먹는 순간, 어쩌면 우리 비타민하우스가 잘못될지도 모른다는 주술적인 생각도 가지고 있다. 하지만 그보다는 내가 내 것을 먼저 챙기는 모습을 비타민하우스 직원들이 보게 된다면 지금까지 쌓아온 조직 결속력이라든가 애사심이라든가 비타민하우스의 정신과 문화 등은 모두 한 순간에 사라져버릴 것이라는 두려움이 더 크다.

그리고 또 한 가지, 내 아이들이 나를 지켜보고 있다고 생각하면 나는 도저히 그렇게 할 수가 없다.

가난했던 어린 시절을 겪고 성공한 대부분의 사람들은 다시 그 가난했던 시절로 돌아간다는 것에 대한 일종의 공포심을 내면 깊숙이 숨겨두고 산다고 한다. 이를테면 고생을 너무 많이 해서 고생을 두려워하는 것이란다. 그래서 표면적으로는 더욱 성공에 집착하고, 현재에 만족할 줄을 모르게 된다는 것이다.

하지만 나는 이상하게도 어려웠던 시절로 다시 돌아가는 것에 대해 별다른 두려움이 없다. 상황이 어떻게 바뀌든 나는 그 상황에 다시 적응할 것이고, 극복할 것이며, 살아남을 수 있을 것이라는 자신감이 있다. 물론 그렇게 해서 성공한다면 좋겠지만 꼭 성공이 아니어도 상관은 없다.

나는 무엇이 됐든 장사를 한다면 혼자서는 충분히 먹고 살 수 있을 것이라는 자신감도 있다. 지금 가지고 있는 것을 모두 잃는다고 해도 잃은 것에 연연하지 않을 수 있다. 그래서 딱 그만큼, 내가 지금 가지고 있는 것을 으스대거나 과시하지 않는 사람이 되고 싶은 것이다.

자신감과 자만은 분명히 다르다.

나는 어떤 상황에서도 자신감을 잃지 않는 당당한 사람으로 성장하고 싶었던 것일 뿐 잘난 사람이고 싶었던 적은 단 한 번도 없다. 그리고 나는 가난하고 가진 것 없는 내 운명과 싸워 지고 싶지 않았던 것일 뿐 크게 성공하고 싶었던 것 또한 아니다. 나는 지금까지 한 번도 성공 그 자체를 꿈꾸지는 않았다. 그 생각은 앞으로도 변함이 없을 것이다.

그래서 이 책 또한 인간 김상국의 절대 성공 스토리가 아니다. 그저 24시간 식지 않는 열정과 24시간 뛰는 가슴으로 쉬지 않고 노력하며 치열하게 살아온 나만의 진솔한 인생 스토리일 뿐이다.

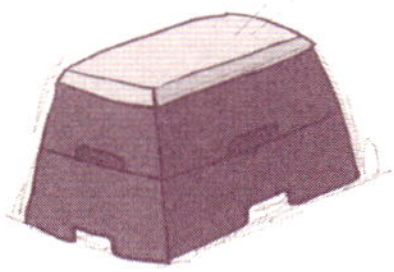

소리에 놀라지 않는 사자처럼, 그물에 걸리지 않는 바람처럼

> 소리에 놀라지 않는 사자처럼
> 그물에 걸리지 않는 바람처럼
> 진흙에 더럽히지 않는 연꽃처럼
> 남에게 끌려 가지 않고 남을 이끄는 사람이 되라

불교 초기 경전인 〈숫타니파타〉에 나오는 이 경구는 지난 세월 내 인생의 행동지침과도 같은 말이었다.

〈숫타니파타〉는 부처가 열반에 든 직후 그가 남긴 말을 제자들이 정리해 엮어낸 책이라고 하는데 사실 나는 불교 신자도 아니고, 그래서 이 책을 읽어본 적도 없다.

하지만 언젠가 이 글귀만을 우연히 읽고 마음속 깊이 새겨두었다. 그리고 마음이 번잡하고, 흔들릴 때마다 한 번씩 되뇌며 생각하곤 했다.

나는 이 글 중에서 '소리에 놀라지 않는 사자처럼, 그물에 걸리지 않는 바람처럼'이라고 한 부분이 특히 마음에 든다. 나도 그렇게 내 인생이 끝나는 날까지 소리에 놀라지 않는 사자처럼, 그물에 걸리지 않는 바람처럼, 거침없이 주저하지 않고, 당당하게 살아갈 수 있기를 바라고 또 바란다.

거침없이 당당하게 인생을 살아가기에는 현실이 결코 만만치가 않은 것도 사실이다.

알아야 할 것이 너무 많은 지금의 세상에서는 학업에 소요되는 시간도 엄청나게 길어져 나이 서른에도 그 뜻을 세울 수가 없고, 세상이 번잡한 만큼 유혹의 깊이와 강도도 드세니 마흔에도 여전히 바람결에도 팔랑거리는 인생을 살 수밖에 없으며, 오십이 넘어도 하늘의 뜻은커녕 내 마음의 갈피도 잡지 못하겠다는 사람들도 많다. 웃자고 하는 소리가 결코 아니다. 나 역시 이에 전적으로 공감한다.

그러나 인생은 '그렇기 때문'이 아니라 '그럼에도 불구하고'의 연속이라는 말이 있다. 그러니 현실이 만만하기 때문이 아니라, 결코 녹록하지 않고 만만하지 않음에도 불구하고 우리는 우리의 삶을 묵묵히 살아낼 수밖에 없는 것이다. '소리에 놀라지 않는 사자처럼, 그물에 걸리지 않는 바람처럼' 말이다.

어쩌면 삶이란 원래부터 고단한 것인지도 모르겠다.

눈물이 나도록 기쁘고, 하늘을 날아오를 듯 행복한 순간은 찰나이지만 그 찰나의 기쁨과 행복을 맛보기 위해 견뎌야 할 시간은 너무나도 길기 때문이다. 하지만 역시 그럼에도 불구하고 우리는 그 길고 긴 시간을 견뎌야 한다. 그것이 인생이기 때문이다.

나는 자신의 존재를 오롯이 인정함으로써 그 존귀함을 스스로 지켜나가는 자존감(自存感)과 그것을 잃지 않기 위해 어떤 상황에서도 노력하고 또 노력하는 자존(自存)의 힘이 있다면 삶의 그 어떤 고단함도 견딜 수 있고, 나아가 그것을 즐길 수도 있을 것이라고 생각한다. 그리고 조금은 주제넘지만 지금까지 나의 삶이 그것을 어느 정도는 증명하고 있다고 생각한다.

이제 우리는 100세 인생이라는 말이 조금도 낯설지가 않은 시대에 산다.

그만큼 우리 인간의 평균 수명이 길어진 것이다. 그렇다면 나는 아직 인생의 절반을 채 지나지 않았다. 사람의 한평생을 하루 24시간에 빗대어 설명한 어느 문화학자의 말대로라면 나는 지금 정오도 지나지 않은 오전의 시간을 살고 있는 것이다. 정확히 시간을 따져보면 오전 11시 52분쯤 되었을까?

오전 11시 52분은 분명 하루를 결론짓기에는 너무 이른 시간이다. 아직 점심 식사하기 전이고, 오후 회의도 해야 하며, 저녁 식사 약속도 잡혀 있다. 집으로 돌아가 가족들과 TV 드라마를 보고, 토크쇼를 보며 웃을 수 있는 여유와 밖에서 있었던 일을 이야기하며 하루를 마무리할 시간도 충분하다.

오전 11시 52분, 나는 지금 내 인생의 오후 시간을 위해 잠시 숨을 고르는 중이다. 아마도 이 책은 그 숨 고르기의 일환이 될 것이다. 고작 오전 11시 52분에 마치 하루를 다 지낸 양 자만했다는 위화감이나 불편함을 이 책이 주지 않았기를 바란다.

사실 앞에서 인용한 〈숫타니파타〉의 글귀 앞에는 한 줄이 더 있었다. 그 한 줄은 바로 '홀로 행하고 게으르지 말며, 비난과 칭찬에 흔들리지 마라'였다.

오전 11시 52분이 될 때까지 내 인생에 행동지침이 되었던 이 글귀가 이 책을 읽은 사람들에게도 큰 울림이 된다면 더 바랄 것이 없다.

나는 이제 점심 식사를 하며 내 인생의 오후를 맞이할 준비를 할 것이다. 그다음에는 남은 열두 시간 역시 나는 소리에 놀라지 않는 사자처럼, 그물에 걸리지 않는 바람처럼 살아갈 것이다.

> 홀로 행하고 게으르지 말며 비난과 칭찬에 흔들리지 마라
> 소리에 놀라지 않는 사자처럼
> 그물에 걸리지 않는 바람처럼
> 진흙에 더럽히지 않는 연꽃처럼
> 남에게 끌려 가지 않고 남을 이끄는 사람이 되라